Hambre de amor

ANA MORENO

Hambre de amor

*Una obra dedicada a las mujeres que anhelan
el amor en sus vidas*

EDICIONES OBELISCO

Si este libro le ha interesado y desea que le mantengamos informado
de nuestras publicaciones, escríbanos indicándonos qué temas son de su interés (Astrología,
Autoayuda, Ciencias Ocultas, Artes Marciales, Naturismo, Espiritualidad, Tradición…)
y gustosamente le complaceremos.

Puede consultar nuestro catálogo en www.edicionesobelisco.com.

Colección Psicología
HAMBRE DE AMOR
Ana Moreno

1.ª edición: mayo de 2016
2.ª edición: octubre de 2016

Maquetación: *Marga Benavides*
Corrección: *Sara Moreno*
Diseño de cubierta: *Enrique Iborra*

© 2016, Ana Moreno
(Reservados todos los derechos)
© 2016, Ediciones Obelisco, S. L.
(Reservados los derechos para la presente edición)

Edita: Ediciones Obelisco, S. L.
Collita, 23-25. Pol. Ind. Molí de la Bastida
08191 Rubí - Barcelona - España
Tel. 93 309 85 25 - Fax 93 309 85 23
E-mail: info@edicionesobelisco.com

ISBN: 978-84-9111-093-4
Depósito Legal: B-9.233-2016

Printed in Spain

Impreso en España en los talleres gráficos de Romanyà/Valls S. A.
Verdaguer, 1 - 08786 Capellades (Barcelona)

*Este libro se escribió entre el 19 de julio de 2014,
día de mi 40.º cumpleaños, y el 25 de septiembre de 2015,
entre Madrid, La Toscana, Lanzarote, Calcuta, Bangkok,
Koh Samui y Hua Hin.*

Agradecimientos

Querido Sergio Fernández, gracias por haber sido un catalizador del cambio personal que tanto necesitaba. Siempre estarás en mi corazón.

Querido Nacho González-Panizo, gracias por tu apoyo incondicional y tu sostén emocional siempre que me ha hecho falta. Me enorgullece tenerte como amigo.

Querido Raimon Samsó. Gracias por aquella llamada, me ayudaste más de lo que te imaginaste. Gracias por ser mi padrino y por vestir de una manera tan preciosa esta obra.

Querida Eva Herber, gracias por acompañarme en la vida y por aceptarme de esa manera tan amorosa y delicada. Tienes un don. Gracias por leer el primer manuscrito, identificarte con él y aportarme tu sabiduría para mejorarlo aun en medio de tiempos difíciles para ti.

Querida Paula Peña, gracias por tener la valentía de hablarme tan claro. Gracias por Calcuta. Gracias por revisar los pañales del primer borrador.

Querida Irene Pietropaoli, gracias por tu amistad y tu ofrecimiento continuado de oportunidades para pasarlo bien y vivir el lado más lúdico de la vida. Gracias por Italia, Lanzarote y Tailandia. Gracias por tu excelente revisión del manuscrito.

Queridas Raquel y Sara Moreno. Mis niñas del alma. Puro amor. Gracias por Calcuta y Tailandia. Os quiero muchísimo.

Querida Noemí Primo, admiro tu compromiso y entrega. Gracias por tu amistad. Gracias por tus comentarios para mejorar el primer borrador de *Hambre de amor*.

Querida Aixa Sopeña, te admiro, me inspiras y me siento muy agradecida por todo el amor que me das. Gracias a ti y a Noemí Primo por hacerme sentir como «El Alquimista», encontrando en España lo que necesitaba mientras viajaba por Asia.

Querida Elvira Alonso, gracias por cuidarme tan bien los gatitos mientras viajaba por Asia, has supuesto un gran apoyo y una enorme tranquilidad.

Querido Sergio Ausín, gracias por ser mi confidente y por tus aportaciones para mejorar el manuscrito cuando estaba aún no nato.

Queridos papá y mamá. Gracias por darme la vida, cuidarme y aceptarme como soy. Gracias por mantener vuestra pareja.

Queridos Ariel y Kitty. Como sois gatos no podéis leer. ¡Pero este libro tiene tanto de vosotros!

Gracias como siempre a mi editor Juli Peradejordi por volver a creer en mi, a Marga Benavides por la maquetación y a Enrique Iborra por el diseño de la portada.

Gracias, gracias, gracias.

Y más,

ANA MORENO

El primer libro de psicología espiritual que leí en mi vida, con veinte años, fue *Tus zonas erróneas*, de Wayne Dyer, gracias a la tristeza enorme que sentía por la muerte de mi querida abuela Paquita. Después llegó una transformadora terapia psicológica con mi amiga Adela Espinosa y una preciosa relación de amor y de trabajo con Óscar Montero. Gracias a estos cuatro seres actuando en mi vida a la vez, hoy puedo mirar la existencia con los ojos del amor y del servicio, de la entrega y del propósito. Gracias a ellos, hoy me considero una persona feliz. Y gracias a ellos más que a nadie tienes este libro en tus manos. Nunca dejaré de agradeceros toda vuestra entrega y bondad.

In memoriam, WAYNE DYER

Prólogo
por Raimon Samsó

Mi querida amiga Ana Moreno me mandó su manuscrito *Hambre de amor* para que le escribiera una líneas, creo que será algo más que eso, un prólogo. Como la tengo en mi recuerdo siempre con una inmensa sonrisa, ¿cómo decirle que no, que tengo mucho trabajo y no puedo? Si la conoces, invariablemente obtendrás su sonrisa y... ¿de verdad crees que puedes resistirla? Yo no.

Ése es el poder del afecto: crea más afecto de vuelta. Y creo que ésta es una buena metáfora de lo que es este libro: sé tú el amor que buscas ahí afuera y ¿quién se resistirá a abrazarte?

Me quedo con muchas frases de su libro, pero ésta creo que hay que tenerla siempre presente: «Buscar el amor no consiste en encontrar otra persona, sino en encontrarte a ti misma», ahí Ana da en la clave de las claves: si quieres que tus relaciones cambien, antes tendrás que cambiar tú misma, y en profundidad. No es un cambio superficial, un maquillaje, sino entrar en un nivel de conciencia donde el amor es la única ley y se manifiesta de mil y una maneras. Por cierto, el libro está repleto de citas, claves, pautas y frases que resumen muy bien el mensaje del libro y lo hacen ameno y concreto.

Relacionar amor con espiritualidad, incluso con la comida, no es un atrevimiento, sino una necesidad. Nuestros problemas mundanos se resuelven inequívocamente con soluciones espirituales y Ana lo sabe bien. Por eso inició un viaje alrededor del mundo (para escribir este libro), pero sobre todo inició un viaje más largo y profundo: el viaje a sí misma.

Yo hice ese mismo viaje hace años cansado de que mis relaciones fueran siempre lo mismo: una fiesta y una pesadilla de dos egos en acción. Cuando llegas a esa edad mágica, los cuarenta, ya no soportas más la incoherencia ni el sufrimiento innecesario. Das un portazo al pasado, y te reinventas de arriba abajo. Este libro es parte de ese proceso que todos deberíamos vivir tarde o temprano. Es un renacimiento.

Este libro es fruto de un acto de valentía, cuando lo leas verás cómo Ana se confiesa y expresa sus miedos, temores, prejuicios y cómo los disolvió. Por eso es cercano y creíble. Creo que un acto de honestidad semejante merece leerlo con atención. Dice Ana: «A veces pensamos que tenemos un problema de pareja y en realidad lo que tenemos es un problema de autoestima». Una vez más, la autora lleva al «yo» la responsabilidad de las relaciones y no al terreno del otro donde no hay nada que corregir ni mejorar.

En este libro, Ana hace un análisis del vínculo que hay entre comida y amor. La alimentación es un tema que conoce bien, se le da bien, es una experta, y en el que es original (nunca había oído el concepto de: «liquidariano» pero me lo apunto) como nadie más. Lo que comes es un reflejo de lo que sientes, de las emociones de las que estás «hambriento». Me gusta la combinación de: *comer, rezar y amar* que forma parte de la estructura del libro. Me parece de lo más lógico y congruente. Creo, también como ella, que la gente no come «cosas o alimentos», sino emociones y «vibraciones». Y no es una metáfora, es literal.

Ana, ya lo verás, saca lecciones de amor incluso de sus gatos. ¿Qué tienen que ver los gatos con la pareja?, seguramente te preguntarás… Ella te lo explicará, sé paciente. Bien, creo que es hora de dar la voz a la autora, mejor que hablar del libro es leerlo. Te dejo en muy buenas manos.

RAIMON SAMSÓ
Autor y director del Instituto de Expertos.

Introducción

«Nuestro dolor es una llamada a despertar».

Paul Ferrini

Érase una vez una chica soltera a punto de cumplir los cuarenta años, cansada de cambiar de novio cada poco y preocupada porque se le pasaba el arroz…

Comencé la bendita crisis de los cuarenta unos meses antes de que llegara mi cumpleaños, días en que mi mundo se puso patas arriba.

Como soy un ave fénix sin remedio, se me ocurrió hacerme el regalo de aprender de una vez por todas el arte del amor en la pareja. Decidí documentarme a fondo y escribir un libro por el puro placer de hacerlo, sin ninguna expectativa. Lo que no sabía es que ese libro me transformaría.

Una serie de aparentes casualidades me llevaron a escribir esta obra mientras me hallaba inmersa en un viaje que duró varios meses, durante los que visité Italia y Lanzarote, donde comí mucho; después, la ONG de la Madre Teresa en Calcuta, la India, donde conecté con Dios; y más tarde Tailandia, donde definitivamente interioricé mis vivencias, recibí la paz que tanto necesitaba y experimenté y aprendí lo que es el amor.

Viví una experiencia muy similar a la que se describe en el libro *Comer, rezar y amar* de Elizabeth Gilbert, así que decidí estructurar los capítulos de una manera parecida.

Asocié comer con no saber lo que es el amor, dado que el amor y la comida nutren, pero también pueden ser adictivos. Y las adicciones, especialmente las dietéticas, son una manera de enmascarar el dolor que sentimos cuando estamos hambrientas de amor.

Relacioné mi experiencia mística de voluntariado en la India con rezar, como una manera de conectar con nuestra esencia divina.

Y la parte de amar tuvo lugar en la preciosa isla tailandesa de Koh Samui, donde me retiré a asimilar las anteriores vivencias del viaje. Allí pude poner en práctica el amor hacia mí misma mediante el autocuidado físico y espiritual, así como culminar mi aprendizaje sobre el amor de pareja. Un año después, repetí esta misma experiencia de nuevo en Tailandia, esta vez en Hua Hin, donde renové mis votos de amor, servicio y paz.

Soy consciente de que mi conocimiento es joven, pero me atrevo a ofrecértelo porque, a la vez, está lleno de compromiso, entrega, cariño y pureza. He querido escribir un libro que de verdad sea útil, cercano, honesto y con sentido del humor. Un libro para mujeres, porque las conozco muy bien. Creo que puedo aportarte una visión que te guiará en tu camino hacia la trascendencia, que es la última parte del libro. La parte que viene después del final feliz.

Continúo completamente enfocada en aprender disfrutando y practicando. Y todo esto que estoy experimentando es lo que te cuento en este libro. Las relaciones han sido y son mi práctica espiritual más elevada. Estoy en una escuela de enseñanza horizontal donde todos somos a la vez alumnos de maestros y maestros de alumnos.

Ojalá yo hubiera leído lo que aquí te escribo hace años… ¡Mi vida sentimental habría sido más amorosa!

No sé si después de leerlo habrás saciado tu hambre de amor, lo que sí me aventuro a prever es que serás una mujer mucho más alegre y feliz.

Este es mi regalo para ti por mi 40 cumpleaños.

ANA MORENO
ana@anamoreno.com

PARTE 1

Comer: no comprendemos lo que es el amor

«Aprendes a hablar hablando,
a estudiar estudiando,
a correr corriendo,
a trabajar trabajando;
y del mismo modo,
aprendes a amar amando».

Francisco de Sales

La prueba del amor

Ojalá te vayas impregnando de la idea del amor a medida que adelantas en la lectura. Y pase a formar parte de ti como algo real que tu ser conoce, experimenta y manifiesta.

Todo lo que reconocemos en el mundo tiene un origen en nuestro interior. Podemos apreciar la belleza porque somos bellas, podemos darnos cuenta de que alguien está enfadado porque nosotras también sentimos ira, y podemos sentir amor porque contenemos amor dentro de nosotras. El amor que contenemos es el amor que alienta y da vida a todos los seres de la creación. Es el mismo amor que hace que los árboles crezcan o que los gatos ronroneen. El amor crea y expresa la paz y el orden en la naturaleza. Todos estamos hechos del mismo amor, gracias a él existimos, lo que pasa es que a las personas se nos olvida. El amor dentro y fuera de ti te hizo crecer durante nueve meses en la tripa de tu madre, mientras tú no hacías nada.

Como se nos olvida que estamos hechas de amor y que, por tanto, somos amor, creemos que no hay amor en nuestra vida. Aceptamos la verdad del ego que nos dice que estamos solas, que no somos amadas y que por eso necesitamos desesperadamente que alguien nos ame.

El ego es la vocecilla que parlotea en nuestra cabeza sembrando el disgusto, la inquietud y el pánico.

Nosotras, tú, yo, los árboles, los gatos, todos somos amor. Todos estamos hechos de la misma esencia, unidos por una inteligencia creadora de la cual formamos parte y que, por tanto, también está en nosotras. Esa inteligencia es lo que yo llamo Dios, aunque puedes cambiar esta palabra si te incomoda y llamarlo Vida, Existencia, el Todo, el Uno, el Universo, la Creación, el Tao, o, simplemente, llamarlo Amor.

Aunque éste es un conocimiento íntimo, la vocecilla del ego insiste en refutarlo. El ego también es inteligente, pero su inteligencia no es creativa sino destructiva, y en lugar de basarse en la unidad del amor, se basa en la separación y la competitividad del odio.

Así que nos afanamos en conseguir el amor de los demás, pues como nos sentimos separadas, nos parece que se encuentra en ellos y que nosotras no lo tenemos. Buscamos el amor fuera de nosotras porque creemos que vamos a poder atraer a nuestra vida algo que no tenemos. Sin embargo, como decía, sólo podemos reconocer en el mundo aquello que llevamos dentro.

La manera real de encontrar amor es sabernos hechas de amor y decidir compartirlo sin expectativas con el mundo entero.

Compartirlo sin expectativas implica que no damos nuestro amor para recibir ninguna compensación, sino que lo ofrecemos porque es y está en nuestra naturaleza. Dado que somos amor, si nos encontramos alineadas con nuestra esencia, nos expresamos a través del amor, ofreciéndolo de forma natural, sin un para qué.

A menudo no nos creemos que seamos amor porque nos sentimos aisladas del mundo. Caminamos por una playa y no nos damos cuenta de que formamos parte de ella, sino que enredadas en nuestros pensamientos de aislamiento, un paso tras otro, llegamos al final de la arena ajenas a su compañía. El mar, la montaña, los pájaros, el cielo…, nuestros hermanos de la creación están unidos esperando que nos demos cuenta de que somos Una con ellos.

Pero no, los humanos nos sentimos lejos, separados y solos. Tan abandonados y vacíos que no pensamos que seamos merecedores de amor. Así que utilizamos el arte de la seducción para engatusar y conseguir que alguien se fije en nosotros, que piense que somos un ser diferente a los demás, más especial y por ello digno de amor, y nos dé ese maná que tanto necesitamos y que no tenemos.

«Si te percibes como incompleto,
buscarás completarte en el otro.
Querrás poseerlo, pero serás su depredador
en lugar de ser su amante».

FADY BUJANA

Utilizamos el arte de la seducción para engatusar y conseguir que alguien se fije en nosotras, escondiendo la realidad de quiénes somos y haciéndonos pasar por personas encantadoras, para que así puedan amarnos.

Escondemos el dolor tan grande que albergamos por sentir que no tenemos amor y que, aún peor, no somos merecedoras de él. Ese sufrimiento que brota de tener que ocultar la realidad de quiénes somos y hacernos pasar por personas hermosas, para que así puedan amarnos.

«Vamos en busca del amor en otros seres humanos como nosotros,
y esperamos recibirlo de ellos,
cuando, de hecho, esos seres humanos
se encuentran en la misma situación que nosotros:
tampoco se aman a sí mismos, de modo que,
¿cuánto amor podemos recibir de ellos?».

MIGUEL RUIZ

Como sólo podemos encontrar fuera de nosotros lo mismo que tenemos dentro, y que es una tremenda falta de amor, atraemos sucedáneos del amor a nuestra realidad, relaciones que nos confirman que es imposible que nadie pueda amarnos de verdad. Sólo podemos atraer lo que somos, por eso hemos de mirar dentro y rescatarnos de los obstáculos que le ponemos al amor.

«Sé agradecido con quien viene,
porque cada uno ha sido enviado
como una guía desde el más allá».

RUMI

Buscar el amor no consiste en encontrar otra persona, sino en encontrarte a ti misma, porque tú misma eres amor. Cuando aceptes que ya tienes el amor en ti, entonces manifestarás el amor en tu vida. De la misma calidad y con la misma intensidad que el que te tienes a ti misma.

¿Cómo saber con cuánta intensidad te amas?

La prueba del sol es el sol mismo, la prueba del amor es el amor mismo. ¿Cuánto luce tu amor?

Cuando desconectamos de nuestro verdadero ser y nos identificamos con nuestro pensamiento y nuestra apariencia es cuando nos perdemos el para qué de nuestra existencia e intentamos rellenar ese vacío con dinero, poder, fama, consumiendo relaciones humanas, comida, alcohol y drogas. Un vacío interior no se puede llenar con cosas externas, sólo conduce a la autodestrucción.

> *«A veces las personas*
> *dejan que el mismo problema las abrume durante años*
> *cuando podrían decir: "¿Y qué?".*
> *Ésa es una de las cosas que más me gusta decir».*

ANDY WARHOL

No hay nada como poner nuestros problemas en perspectiva y dejar de buscar para recibir el amor de los demás. Según la manera en que uses las palabras, vas a enfocar tu pensamiento. Y el destino de la humanidad depende del modo en que cada una de nosotras decidimos pensar y actuar. Nunca es demasiado tarde para decir *¿y qué?* Y ser quien realmente eres: puro amor.

Tu verdadero propósito vital no es más que unir tu cuerpo y tu alma y dedicar tu verdadera voluntad a actuar con amor, compartiendo tu luz con el mundo con honestidad y apreciación. Compartir y extenderte hacia los demás te ayuda a recordar quién eres. Y éste es el primer paso para todo lo que sigue en esta obra.

EL ABC DEL AMOR: puntos principales para recordar

- Somos y estamos hechas de amor, por eso no es posible que no exista amor en nuestra vida.
- El amor es la inteligencia creadora y unificadora que reside en la esencia de todos los seres.

- El amor es Dios, la Vida, el Tao, el Todo, el Universo, Tú, Yo, el Mar, la Montaña, los Pájaros, el Cielo…
- El ego es la vocecilla destructiva que nos hace olvidar que somos amor, haciéndonos sentir la ilusión de la separación.
- La manera real de encontrar amor es sabernos hechas de amor y decidir compartirlo sin expectativas con el mundo entero.
- Utilizamos el arte de la seducción para engatusar y conseguir que alguien se fije en nosotras, escondiendo la realidad de quiénes somos y haciéndonos pasar por personas encantadoras, para que así puedan amarnos.
- Si nos convencemos de que no (somos) tenemos amor, atraemos a nuestra vida relaciones que nos confirman que es imposible que nadie pueda amarnos de verdad.
- Buscar el amor no consiste en encontrar otra persona, sino en encontrarte a ti misma, porque tú misma eres amor. Cuando aceptes que ya tienes el amor en ti, entonces atraerás el amor a tu vida. De la misma calidad y con la misma intensidad que el que te tienes a ti misma.

«Cuanto más buscas fuera de ti,
más vacía te sientes dentro;
y cuanto más vacía te sientes dentro,
más alimentas tu búsqueda».

TERESA BLANES

PASA A LA ACCIÓN: el conocimiento sólo se integra cuando se practica

Para integrar la lectura de este capítulo en tu vida te propongo que mires a tu alrededor y detectes qué necesidades pueden tener cada una de las personas que hay en tu vida. Sin hacerte notar y sin «ego de salvadora», soluciónalas u ofrece tu ayuda para solucionarlas. Por ejemplo: ofrécete a coser un botón, deja un sobre anónimo con dinero a alguien que lo necesite, envía una carta de apreciación (esto suele recibirse con mucha alegría, ¡ya nadie envía cartas!) a alguien que necesite sentir que se le quiere, regala tu tiempo, ve a por dos cafés en lugar de a por uno y comparte con tu compañero…

El amor propio o el pozo de los lamentos

Existe la posibilidad de que nunca consigas el amor de tu vida. Imagina que de aquí a que te mueras vas a estar sin pareja… ¿Crees que lo podrías aguantar? La sola idea puede darte escalofríos. ¡No quiero renunciar al amor!, protestarás. Pero entonces, te pregunto, ¿por qué lo haces? El amor está ya en ti y sólo lo puedes apreciar cuando aceptas que puedes vivir sin el amor de otros, porque es en ese momento cuando te atreves a mirar hacia ti misma para ver qué es lo que hay.

Cuando, hambrientas de amor, lo buscamos con impaciencia, nos centramos en que no lo tenemos, sin estar nunca saciadas; sin embargo, cuando nos lo damos a nosotras mismas y lo ofrecemos también a los demás, aunque sea poco, alcanzamos una sensación de abundancia que nos rebosa.

No sólo queremos que cambien los demás. Que cambie el otro es una demanda que nace del convencimiento de que nosotras también tenemos que cambiar. Si hoy recibo cumplidos de los demás, hoy me querré; si obtengo reconocimiento profesional, me querré mientras lo tenga; si me quiere mi pareja, entonces también sentiré que soy digna de amor, así que me querré. Como una parte de nosotras nos ama a nosotras mismas en función de cómo creemos que nos perciben los demás, nos entristece que alguien nos critique, que no nos dé la razón o que no nos comprenda.

> Cuanto mejor te llevas contigo misma, mejor es tu vida, no depende de cómo te perciban los demás.

Siempre buscando el amor fuera nos hemos olvidado de mirar en nuestro corazón. Suena terrorífico quedarse a solas con una misma, en silencio.

¿Qué voy a hacer cuando me quede a solas conmigo misma? Soy una gran desconocida y me incomoda mi propia presencia. No sé quién soy, porque me defino a través de la imagen que doy a los demás.

«Nadie tiene el poder de hacerte desgraciada,
pues siempre está en tus manos
decidir cómo vas a vivir las cosas».

JOAN GARRIGA

Adoptamos el rol de persona buena, de simpática, de profesional, de amable... diseñando esa careta que sirve para que los que nos rodean nos presten atención, para caerles bien y para que nos devuelvan una buena impresión de nosotras mismas, que es lo que hará que nos amemos.

Yo pensaba que no tener pareja significaba tener una tara. Un defecto, una falla. Por eso cuando no he tenido pareja he sufrido mucho tratando de cambiar la situación. Tanto es así que he salido con hombres que en el fondo no quería sólo porque pensaba que era mi última oportunidad y temía perderla y ratificar al mundo entero para siempre que era, en efecto, una persona defectuosa. Pensaba que los hombres que a mí me podrían interesar ya no estaban disponibles, y que de entre lo que quedaba... quizá podría conformarme con lo menos malo para no parecer tarada. De este modo confirmaba que mi autoestima dependía de la imagen que creía proyectar en los demás.

Supongo que pensaba que podría convertirme en una solterona y que todo el mundo entonces afirmaría la idea de que yo tenía una tara.

Y claro, a mí me importaba mucho lo que pensaran de mí los demás. Sobre todo porque entonces confirmarían mis propias sospechas: realmente tenía una tara.

Comportándome de esa manera manifestaba tenerme muy poco amor a mí misma, así que atraía a mi vida a personas que también me amaban poco. No sólo ellos no me gustaban, sino que además no conseguía de ellos el amor que tanto anhelaba.

Pero como en las películas románticas, insistía en encontrar un amor rescatador. Un romance que me salvara de ese vacío interior. Si tengo alguien a quien amar ya no necesito mirarme hacia dentro porque el vacío está muy oscuro. Lo malo, ¡ay!, es que ese alguien me deje de querer. Tendré que buscar rápidamente un sustituto. Y eso hacía.

> A veces pensamos que tenemos un problema de pareja y en realidad lo que tenemos es un problema de autoestima. Muchos comportamientos que consideramos normales son formas de ocupar la mente para no sentir el vacío. Se convierten en adicciones. Y cuando nos resistimos a lo que la vida quiere enseñarnos, las lecciones llegan de una forma muy dolorosa.

Los adicciones más típicas son fumar, tomar alcohol, comer chocolate o dulces en general, encender la radio al subirte al coche, la tele nada más llegar a casa, hablar por teléfono, enviar mensajes por el móvil, utilizar el WhatsApp compulsivamente en medio de una cena de amigos, revisar el *email* cada rato, inspeccionar a menudo las novedades de Facebook, llenar el día de actividades, estar muy ocupada, irte de compras, trabajar mucho o encerrarte en el inmenso mundo genérico del ordenador…

Tenemos mucho miedo de afrontar nuestros propios sentimientos de vacío o de desvalorización. ¿Por qué las personas sensibles, que se trabajan a sí mismas y están deseando amar, se sienten a menudo tan solas? Para mí lo ideal es preguntarte más bien ¿para qué? Y descubrir que existe un propósito oculto en el sufrimiento, que nos lleva a la sabiduría y la fortaleza. Se trata de encontrar las oportunidades en medio de las crisis.

No tener pareja es un precioso regalo que te hace la vida para que puedas aprender a saciar tú misma tu hambre de amor, sin necesitar desesperadamente el amor de nadie. Aprender a quererte es el primer paso.

Cuando hayas conectado con el amarte, el abrazarte, el acompañar tus procesos con amor y desde tus deseos más profundos, verás que todo es perfecto como es y que volverse loca de amor por una misma es el principio para una vida llena de magia.

Cuando aprendes a ser feliz contigo misma, la compañía será cuestión de elección, no de necesidad. Sal del negocio de la aprobación y evita forzar que el otro vea una determinada imagen de ti. Sólo por hoy… sé tú misma. Elige la ropa para ti, elige interesarte por lo que de verdad te interesa y sonríe de verdad y sólo cuando la sonrisa sea verdadera… Hazlo desde tu esencia de amor, no pelees, ser tú misma es estar en paz y a la paz no se puede llegar a través de la violencia.

Sólo puedes amarte cuando sabes quién eres. Recuérdate cada día que tú eres y estás hecha de amor.
Que eres un ser espiritual lleno de luz jugando a pasar una temporada en la tierra para experimentar el plan de tu alma.

No necesitas que nadie te complete porque tú ya eres un ser completo. El amor propio es una elección que tiene que ver con tu actitud de presencia, recordando y reconociendo tu propia esencia, y no con tus circunstancias. Ofrécete amor y recibirás el amor de los demás. Más adelante, en la segunda parte de esta obra, te contaré cómo amarse una misma en la práctica. Primero permíteme que te cuente sobre su importancia básica.

Desarrollar tu capacidad para amar es tu única tarea, y debe comenzar por ti misma. La autoestima del ego depende de juicios y fluctúa, comparándose arriba o abajo con los demás. Cuando nuestra autoestima no está bien, nos sentimos separadas de la existencia. Solas y abandonadas, nos aferramos a comportamientos externos que creemos que van a compensar nuestro vacío interior.

Buscamos desesperadamente a los demás para conseguir su amor. Entonces hacemos cosas que no queremos hacer, vamos a lugares donde no queremos ir, estamos con personas con las que no queremos estar y nos callamos cosas que sentimos. Amamos a los demás de la misma manera que nos amamos a nosotras mismas: con amor condicionado.

Puedes comprobar que has comenzado a amarte observando pequeños detalles de tu comportamiento. Verás que te atiendes más. Que estás más en comunicación con tu ser. Si te hace falta descansar, te saldrá solo darte un descanso, por ejemplo. Verás que comes menos y mejor, incluso que tu casa está más cuidada. Comenzarás a poner en orden los armarios o llamarás al fontanero o al electricista para arreglar aquello que llevaba roto tanto tiempo.

En muchos seminarios de autoestima se te dice que hagas todas estas cosas para amarte. El amor es quien eres y no es lo que haces; no por arreglar tu casa te amarás más. Es por amarte más por lo que arreglas tu casa. La casa en orden es la manifestación de tu orden interior, una consecuencia. Si pones atención a las causas, las consecuencias cambiarán solas; si pones atención a las consecuencias, las causas seguirán intactas.

Hay un ejemplo muy sencillito que suelo poner a mis alumnos cuando les doy clases sobre salud y bienestar. Imagina que vas conduciendo un coche y de pronto se enciende una luz en el salpicadero. Una luz roja intermitente que indica peligro. Entonces paras el coche y quitas el fusible, así que la luz de alarma se apaga.

Sigues conduciendo pensando que ya está todo solucionado, pero de pronto empieza a salir humo. Malhumorada y sintiéndote estafada por la vida, paras el coche, esperas un ratito a que se enfríe y sigues tu camino. Más tarde, el coche vuelve a fallar. No entiendes nada porque tú crees que has atendido el problema desde el principio. Y de hecho así es. Has actuado desde el principio con la intención de solucionar el asunto. Lo que ha pasado es que pusiste atención en los efectos y no en las causas.

Por eso, al tratar los efectos (la luz roja, el humo), la causa (la avería del coche) sigue intacta y el problema cada vez se hace mayor. Te vas desgastando porque no comprendes por qué no eres capaz de solucionarlo, y es que no te has parado a ver cuál era el origen de lo que estaba ocurriendo.

Este ejemplo lo pongo cuando explico la diferencia entre la medicina preventiva, que propone unos buenos hábitos de vida para mantener la salud, y la medicina sintomática, que se sirve de la farmacología para que puedas seguir adelante con tu vida como hasta ahora, sin cambiar nada, pero que no te molesten las señales de alarma del cuerpo.

El amor condicionado hacia nosotras mismas, la falta de amor propio, se manifiesta con frecuencia de dos maneras: mediante adicciones, especialmente a la comida, o viviendo para los demás.

«Nos hemos acostumbrado
a pensar que luchar con la vida es lo correcto [...].
Deja que las cosas ocurran mientras tú no luchas,
sólo observas amorosamente.
Permite que ocurra el baile sin ser tú el jefe de orquesta:
¡disfruta de la música!».

FADY BUJANA

Es posible disfrutar de nuestra soledad amándonos a nosotras mismas. Esto se consigue mediante la presencia y el amor hacia la tarea de amarnos, sin amarnos para ser amadas, sino porque amar es nuestra única tarea.

Un día, un discípulo deseoso de alcanzar la iluminación le preguntó a su maestro:

—Maestro, sé que hay muchos estudiantes, pero si me esfuerzo más que el resto ¿cuánto tardaré en iluminarme?

—Diez años –respondió el maestro.

—Y si redoblo mis esfuerzos y trabajo día y noche, ¿cuánto tardaré, maestro?

—Veinte años –respondió impertérrito el maestro.

—Maestro, ¿por qué ha agregado más años? –inquirió el discípulo.

—Porque si te esfuerzas más, tendrás un ojo puesto en la meta, y como sólo te quedará un ojo para el trabajo, te atrasarás enormemente.

Mientras te amas amorosamente has de ser lo suficientemente pasiva como para poder recibir aquello que se está manifestando en tu vida. Y éste es el principio de la feminidad.

EL ABC DEL AMOR: puntos principales para recordar

- El deseo de que los demás cambien nace del convencimiento de que nosotras también tenemos que cambiar.
- Cuanto mejor te llevas contigo misma, mejor es tu vida, no depende de cómo te perciban los demás.
- Un problema de pareja es un problema de autoestima.
- La autoestima del ego depende de juicios y fluctúa, comparándose por encima o por debajo con los demás.
- Cuando nuestra autoestima no está bien nos sentimos separadas de la existencia y desarrollamos adicciones y otros comportamientos irrespetuosos con nosotras mismas.
- Cuando nos resistimos a lo que la vida quiere enseñarnos, las lecciones llegan de una forma muy dolorosa.
- Sólo puedes amarte cuando sabes quién eres: un ser espiritual lleno de luz jugando a pasar una temporada en la tierra para experimentar el plan de tu alma.
- Puedes comprobar que has comenzado a amarte observando pequeños detalles de tu comportamiento.
- Es posible disfrutar de nuestra soledad amándonos a nosotras mismas, sin amarnos para ser amadas, sino porque amar es nuestra tarea.
- Mientras te amas amorosamente has de ser lo suficientemente pasiva como para poder recibir aquello que se está manifestando en tu vida. Y éste es el principio de la feminidad.

«Actualmente el mundo tiene hambre no sólo de pan,
sino también de amor,
hambre de ser necesitados,
de ser amados».

MADRE TERESA DE CALCUTA

PASA A LA ACCIÓN: el conocimiento sólo se integra cuando se practica

Para integrar la lectura de este capítulo en tu vida te propongo que confecciones una lista que incluya pequeños detalles amorosos hacia ti misma. Por ejemplo, cuidar lo que comes, vestir cómoda, descansar si lo necesitas, darte un masaje, dedicarte tiempo, concederte el lujo de dar un paseo, de sentarte a degustar un zumo recién hecho, escribir en tu diario, ponerte una mascarilla facial, pasar horas leyendo o ver una película en la cama...

Léela cada mañana e incluye los detalles amorosos en tu agenda diaria.

Mi lista personal de actos de amor:

- Abrazar a la gente a la que quiero
- Abrazarme a mí misma
- Acariciar a mis gatos
- Pararme a apreciar la belleza a mi alrededor
- Cocinar para mí misma
- Cuidarme el pelo
- Cultivar mis plantas
- Cultivar pensamientos positivos
- Cultivar pensamientos de apreciación para los demás
- Depilarme
- Disfrutar de hacer reír a mi gente
- Disponer de tiempo para leer tumbada en el sofá
- Despertarme sin despertador
- Encender la chimenea
- Escribir en mi diario
- Escribir libros

- Escribir mi lista de agradecimientos por la mañana y por la noche
- Escuchar audiolibros
- Hablar por teléfono mucho tiempo con alguien a quien quiero
- Hacer una depuración de un día tranquila en casa
- Hacer mis propias cremas faciales y corporales
- Ir a revisión ginecológica
- Llevar una vida activa
- Olvidarme del reloj
- Pasear por el bosque que hay al lado de casa
- Pensar ideas para hacer felices a los demás
- Permitirme estar triste
- Permitirme vivir el momento presente
- Ponerme mascarillas faciales y en el pelo
- Preparar un fondo de despensa con alimentos fermentados
- Recibir un masaje
- Reírme de mi misma con cariño para quitarme importancia
- Tener el móvil en modo avión
- Tener un despacho en casa
- Tener una asistente personal
- Tomar suplementos dietéticos para mejorar mi salud
- Tomar un gran zumo verde
- Trabajar teniendo el *mail* cerrado y el teléfono apagado
- Ver comedias románticas en la *tablet*
- Ver videos inspiradores en YouTube
- Vivir en una casa ordenada y limpia

Y aquí comparto contigo el regalo que me hago a mí misma cada día para comenzar la jornada. Si te gusta, quizá pueda servirte de inspiración para incorporarlo en tu rutina.

Mis diez secretos matutinos de belleza son los siguientes:

PRIMER SECRETO. Duración: 3 minutos.
Compartir. Cada día, cuando te despiertes, piensa en algo bonito que puedas compartir con los demás.

SEGUNDO SECRETO. Duración: 3 minutos.

Agradecer. Agradece a alguien o a algo que haya en tu vida.

TERCER SECRETO. Duración: 3 minutos.

Acariciar. Acaricia a quien esté a tu lado (pareja), sonríe a un compañero de piso, acaricia a un animal, envía un mensaje a alguien a quien quieras, sólo para decírselo o para compartir algo que le haga disfrutar del día.

CUARTO SECRETO. Duración: 5 minutos.

Depurar. Bebe un líquido depurativo: Kombucha, rejuvelac, aloe vera, agua con limón, kéfir de agua… Dispones de más información en mi libro *Liquidariano* (editado por Ediciones Obelisco).

QUINTO SECRETO. Duración: 10 minutos.

Contactar con la naturaleza. Sal al jardín. Anda descalza. Sal a la terraza. Mira el horizonte. Riega tus plantas. Tócalas. Cultiva brotes en casa. Germina semillas.

SEXTO SECRETO. Duración: 10 minutos.

Estírate. Estira bien tu cuerpo. Brazos arriba. Flexiona piernas. También para el otro lado. Si puedes, haz algo de gimnasia o algo de yoga como el saludo al sol.

SÉPTIMO SECRETO. Duración: 10 minutos.

Cepíllate y nutre el exterior. Cepilla bien tus dientes, lengua y cuerpo. Después de la ducha nutre con aceite tu piel. Usa aceite de coco de primera presión en frío para todo: dientes, lengua y piel.

OCTAVO SECRETO. Duración: 10 minutos.

Nutre tu interior. Toma un zumo depurativo, un batido verde o come fruta rica en agua.

NOVENO SECRETO. Duración: 10 minutos.

Repasa la agenda e ilusiónate. Con nuevos proyectos. Con sueños cumplidos que se mantienen. Con mejorar cada día los procesos. Con automatizar tareas. Con perfeccionar actitudes. Con establecer metas.

DÉCIMO SECRETO. Duración: 10 minutos.

Sonríe. Sonríe antes de salir de casa. Cálzate los zapatos con una sonrisa. Sonríe a tu pareja. Sonríe a tu gato. Sonríe a tu perro. Sonríete. Sonríe al vecino. Sonríe al vagabundo. Sonríe a cada ser con quien te cruces.

Ya has creado un día bello. Has invertido una hora y media para que las restantes veintidós horas y media sean muy bonitas. A mí me compensa. ¿Te animas a probarlo?

La adicción a la comida

«Cuando la mujer no se siente segura para entrar en el pozo sin peligro,
no le queda otra alternativa que evitar la intimidad
y reprimir y abotargar sus sentimientos recurriendo a adicciones
como pueden ser el alcohol o el exceso de comida, trabajo o de celo.
Sin embargo, a pesar de sus adicciones, caerá periódicamente en el pozo
y sus sentimientos aflorarán de manera totalmente incontrolada».

JOHN GRAY

El estado de ánimo de una mujer varía. Hay días en que estamos felices y radiantes, deseosas de regalar amor a nuestro alrededor…, pero hay otros en que sentimos que el mundo se nos cae encima, que parecemos invisibles, o nos vemos viejas, gordas o anticuadas.

Si tienes pareja, te sientes sola y te preguntas, ¿qué hago yo con esta persona?

Y si estás sin pareja también te sientes sola, pero entonces te preguntas, ¿por qué estoy sola? ¡¿Por qué yo?!

Las fluctuaciones en el estado de ánimo se deben a los cambios hormonales que experimentamos durante el ciclo menstrual, y nos afectan a todas las mujeres en mayor o menor grado, aunque seamos dinámicas, confiadas o arrolladoras. La autoestima de la mujer suele variar en un ciclo que va de veintiún a treinta y cinco días, y cada momento del ciclo muestra un estado diferente de ánimo.

> Una de las maneras en que se manifiesta la insatisfacción vital y el olvido de que somos amor en estado puro es a través de la adicción a la comida. Al engancharnos al consumo de determinados alimentos, nos estamos volviendo adictas al efecto que produce en nosotras la alteración de la química cerebral que causan las sustancias que estos alimentos contienen. El efecto es normalmente la desconexión de la realidad, es decir, que estos alimentos nos ayudan a anestesiar nuestro dolor emocional, evadiendo los sentimientos de insatisfacción para protegernos del sufrimiento.

Existen alimentos primarios y alimentos secundarios. Los primarios son los alimentos de los que vivíamos cuando éramos niños, siendo la comida secundaria. Los alimentos primarios nos alimentan, pero no vienen en platos. Algunas cosas, como por ejemplo, una práctica espiritual profunda, una carrera inspiradora, algún ejercicio físico diario que realmente disfrutemos o una relación abierta y compasiva; todo lo que alimenta nuestro espíritu es considerado un alimento primario. Mientras más alimentos primarios recibamos, menos dependeremos de la comida, que es la nutrición secundaria.

Un tanque emocional vacío se describe como un estado de hambre, enfado, soledad y agotamiento. Nos enganchamos a alimentos que nos perjudican y los utilizamos de manera inconsciente para castigarnos, pues tras ingerirlos nos encontramos mal o engordamos.

¿Que por qué nos castigamos? Nos castigamos por no ser las mujeres perfectas según nuestro ideal de mujer, un ideal social que varía según en qué país del mundo te encuentras, así como con las épocas de la vida. El ideal social para una mujer joven andaluza de los años cuarenta no es el mismo que el del año 2016. Asimismo, tampoco coincide el ideal de belleza para una chica oriental que, por ejemplo, se protege de la luz solar para estar pálida, que para una española que se tuesta al sol cada verano para estar morenita.

Seguimos creyendo en la ilusión de un cuerpo perfecto y en que no somos lo suficiente o lo suficientemente buenas para que nos quieran, y precisamente la adicción a la comida nos aleja de ese ideal de cuerpo perfecto y perpetúa ese sentimiento de inadecuación.

Hoy en día la mayoría de las mujeres saben cómo hay que comer, pues hay información en todas partes. Y si no, dispones de información extensa en mi libro *Flexivegetarianos* (editado por Ediciones Obelisco). Sabemos qué alimentos nos benefician y cuáles nos dañan. La dificultad reside en que, aun sabiéndolo, los seguimos comiendo.

Uno de los grandes errores que cometemos cuando queremos desengancharnos de los alimentos a los que somos adictas es que a menudo nos empeñamos en tirar de la fuerza de voluntad y nos imponemos metas muy elevadas y estrictas que no somos capaces de alcanzar.

¡Desde mañana dejo el café! ¡Ya nunca más comeré estas galletas!

El café y las galletas cumplen la función de anestesiar nuestro dolor emocional, así que dejar de consumirlos implica un doble desenganche: el físico, por la adicción corporal a sus efectos químicos, y el emocional, por la adicción a ese estado de aturdimiento emocional que nos produce su consumo (aunque no seamos conscientes de ello).

Pasamos días en los que somos capaces de no comer los alimentos que nos prohibimos, pero de pronto… avanza el ciclo menstrual, cambia la luna, tenemos un mal día, alguien nos los ofrece o era lo único disponible y… ¡cómo no lo vamos a comer! Así que acabamos comiéndolo y además lo hacemos en gran cantidad, satisfaciendo un deseo reprimido. Y como sabemos que no nos beneficia comerlo, después nos sentimos culpables por haberlo hecho y confirmamos nuestro mayor temor: que no somos lo suficientemente buenas.

Esto se repite una y otra vez y, como consecuencia, nos vamos desgastando, frustrando y nuestra autoestima se resiente.

Sólo es posible romper este ciclo de una manera: abandonando la meta. Pero este desenlace no nos hace crecer ni nos satisface.

Entonces ¿cómo dejar de tomar aquello que no queremos comer, como por ejemplo el café, el queso, las harinas refinadas, los dulces, el chocolate…, pero sin necesidad de apoyarnos en la fuerza de voluntad ni en la disciplina o el autocastigo, sino de forma pacífica y en armonía con nosotras mismas, desde el amor propio y el autocuidado?

Primero de todo, déjame que te cuente una historia…

Ocurrió en la isla de Lanzarote, que visito mucho porque me encanta, casi al comienzo de mi viaje sabático. Estaba paseando de noche, sola, entre las casas de un pueblecito a la orilla del mar. Hacía una noche muy hermosa, todo estaba en calma, sólo se oía el sonido de las olas chocando contra las rocas del acantilado.

De pronto, vi un perro blanco a lo lejos, muy bonito, y me sonreí pensando que en cuanto pasara por su lado lo iba a acariciar. Cuál fue mi sorpresa cuando de pronto el perro, que después supe que en realidad era una perra, vino corriendo hacia mí enfurecida, saltando y ladrando sin parar.

Intenté gestionar mi miedo, por aquello que dicen de que los perros te muerden cuando «te huelen el miedo» y me quedé parada, inmóvil, respirando lo más tranquilamente que pude.

Su dueño, un anciano que estaba casi a doscientos metros de distancia, empezó a gritarle para que me dejara y volviera con él, y la perra parecía que le iba a hacer caso... hasta que pasó un coche y salió corriendo detrás de él, ladrándole, si cabe, más fuerte que a mí.

Cuando el coche desapareció en la lejanía, la perra, exhausta, al fin obedeció los gritos de su dueño y volvió lentamente hacia él.

Yo, que estaba perpleja observando el espectáculo, poco a poco había reanudado la marcha en dirección hacia donde estaba el dueño de la perra. Al pasar cerca de él le dije:

—¡Vaya carácter que tiene su perra!

Y él me contestó:

—Hay una explicación, tengo aquí a seis cachorros.

«¡Vaya! –pensé–, esto es realmente una buena explicación». Sin darme tiempo a seguir pensando, el dueño añadió:

—Están aquí mismo, ¿quieres verlos?

—¡Sí! –dije yo–. Me encantaría.

Así que abrió la pequeña cancelita de madera que daba paso a su casa y entré. Me señaló el garaje, que tenía la luz encendida y cuya puerta estaba abierta. Caminé hacia allí y dentro pude ver una gran caja de cartón con seis preciosos cachorrillos temblorosos.

—¿No me hará nada? –pregunté. Pero la perra entonces estaba tranquila, me dejó acariciarlos cuanto quise.

El señor me explicó que había llevado a la perra al peluquero –era una especie de caniche grande (perdón, pero no entiendo de razas de perros)– una tarde en que la perra tenía un *mal día*, lo que entendí que significaba «que estaba en celo». Y que en un momento en la sala de espera... ¡Pasó! –Lo que significaba que la perra se quedó preñada–.

También me explicó que había tenido siete cachorritos y que ya se habían llevado al macho para adoptarlo; ahora quedaban seis hembras.

«¡Dios mío! –pensé–. Seis hembras de "chucho", ¿qué va a hacer este pobre anciano con ellas?, ¡esto es un verdadero problema!».

Como leyendo mis pensamientos, el anciano me dijo:

—Pero las voy a colocar a todas enseguida, porque las hembras son mejores que los machos.

Yo, sinceramente, dudé de tal hazaña, porque si tienes un macho, no te trae siete cachorros a casa en un descuido, pero con una hembra, estas cosas, como puedes comprobar con la historia que te estoy contando, pueden pasar.

Después de acariciar a las crías un buen rato me marché. Como el señor vio mi amor por los animales le debí de caer simpática y me invitó a volver a acariciarlas cuando quisiera.

A los tres días volví a dar otro paseo por la zona y me acordé de visitar a mi nuevo amigo y a sus perritas. Cuando llegué, el anciano me recibió muy simpático y ante mi gran sorpresa me enseñó una sola cría.

Había conseguido que todas las demás fueran adoptadas ¡en tan sólo tres días!

—Y ésta –dijo–, ésta es muy flaquita, he decidido que me la voy a quedar y yo la saco adelante.

¿Quieres saber por qué te he contado esta historia?

Esta historia me sirvió para aprender tres cosas…

La **primera.** ¡Nunca lleves a tu perra al peluquero cuando esté en celo!

La **segunda.** Todo tiene una explicación. La perra me ladraba porque estaba custodiando sus cachorritos, sólo dejó de ladrarme cuando su dueño mostró confianza hacia mí.

Por eso te propongo que analices cuál es la explicación de tu adicción dietética. Y para ello, hazte la siguiente pregunta:

¿Cuándo comes eso que no quieres comer? ¿Es en momentos en los que estás aburrida, triste, ansiosa, cuando te sientes sola, o por ejemplo cuando te has enfadado con alguien? Para este fin te servirá llevar un registro de alimentación diaria en el que anotarás todo lo que comas y cómo te sientes física y emocionalmente justo antes de comer. De este modo podrás relacionar tus emociones con tus elecciones dietéticas.

Y la **tercera.** Nuestras creencias determinan nuestra realidad. Mi amigo de Lanzarote estaba convencido de que encontrar familia de adopción para una perra era más fácil que para un perro, y por tanto, la encontró.

¿Por qué? Porque cuando crees que algo puede ocurrir, ocurre, porque tu mundo es el reflejo de ti, nada que no esté en ti puede ocurrir en tu mundo. Es una de las bases de la mecánica cuántica, y tiene que ver con el principio de incertidumbre de Heisenberg, que afirma que el simple acto de observar cambia lo que se está observando.

Por eso…

Si piensas que no vas a conseguir desengancharte de la comida, mejor pasa al siguiente capítulo, porque como no vas a poner en práctica lo que vas a leer pensarás que mis sugerencias no te sirven. Puedes hacer dos cosas: dejar de leer e invertir tu tiempo en otra actividad más apetecible o cambiar tu creencia limitante y darte la oportunidad de desactivar tu adicción dietética.

Si decides dejar de leer este capítulo e invertir tu tiempo en leer el siguiente, pasa directamente a la página 49.

Si decides comprometerte a cambiar tu creencia limitante y darte la oportunidad de desactivar tu adicción dietética, sigue leyendo…

Según el autor Paul Ferrini, cuando queremos evitar sentir el dolor de nuestra alma lo negamos principalmente de cuatro maneras:

1. Poniéndonos la máscara.
2. Metiéndonos en nuestro cascarón.
3. Haciéndonos adictos a las sustancias que lo enmascaran.
4. Intelectualizando nuestros sentimientos, es decir, racionalizándolos para no sentirlos.

A continuación voy a compartir contigo tres claves prácticas para desactivar las adicciones dietéticas:

CLAVE N.º 1

Tratar el síntoma no funciona. Sólo funciona tratar la causa

¿Te has planteado por qué no eres capaz de dejar de comer ese alimento que no quieres comer?

¿Te has planteado por qué una simple galleta o bolsa de patatas fritas es más poderosa que tú?

¿Te acuerdas de la historia del piloto rojo que se encendía en el salpicadero del coche? Imagínate que vas conduciendo tú el coche y, de pronto, observas que se enciende la luz roja en el salpicadero. ¿Qué será esa luz?

- Opción 1: Sigues conduciendo, te da igual que haya un testigo rojo.
- Opción 2: Te molesta ese testigo rojo, paras y quitas el fusible, no lo quieres ver.
- Opción 3: Te ocupas de tu integridad. Paras y consultas en el manual de mantenimiento a qué corresponde este piloto rojo.

Cuidado, muchas personas creen que por saber a qué corresponde el piloto, ya lo han desactivado.

– Opción 4: Una vez que sabes a qué corresponde el piloto, tomas las medidas oportunas y arreglas o mandas arreglar el coche.

No se trata de luchar contra las patatas fritas o contra las galletas, se trata de averiguar por qué un simple alimento, que no tiene consciencia y que es diminuto, es capaz de hacerte perder el control y dominar tu vida.

Si has elegido la opción n.º 4, toma un papel y escribe en el comienzo de la hoja (mejor si te compras un precioso cuaderno y lo destinas a escribir en él tus sentimientos, así como el resto de ejercicios que te propongo más adelante):

¿Qué actitud/es elijo cuando se enciende mi piloto rojo?
Tu actitud puede ser comer chocolate, patatas fritas, salir hasta las tantas y fumar o emborracharte, fumar porros… e incluso otras adicciones como hacer ejercicio o ligar compulsivamente, ir de compras, refugiarte en el ordenador o en las conversaciones escritas a través del móvil…

Una vez respondas a esta pregunta, escribe la siguiente:

¿Qué función cumple este piloto rojo en mi vida?
Si comes de más y dejas de sentir aburrimiento, soledad, autocompasión o cualquier otra manifestación del miedo durante el rato que sigue a haber comido, has conseguido desconectar de tu emoción. Es una manera infantil de evitar el sufrimiento, porque el efecto de la droga se pasa. Tendrás que ir a por más.

Quizá también tengas miedo de brillar porque si brillaras y fueras la mujer que puedes ser, es posible que tuvieras que enfrentarte a envidias, críticas… o a un éxito arrollador con personas que te admiren y para el cual no te sientes preparada.

Por favor, detente en este punto. No sigas leyendo. Si tienes algún tipo de adicción, no sólo dietética, debes estar sufriendo mucho. En el primer capítulo hablamos de que tu único cometido es amarte. En este momento te estoy brindando la oportunidad de que lo hagas. ¿Qué función cumplen esas adicciones en tu vida?

Escribe la respuesta.

Si ya sabes cuál es esa función, entonces escribe la siguiente pregunta:

¿De qué manera amorosa puedo (yo) cubrir la función que hasta ahora cumple la adicción?

Por favor, dedica el resto del día a responder a esta pregunta. He aquí la manera de liberarte de tu adicción dietética.

Ejemplo. Imagínate que tu piloto rojo es la soledad. Comes de más (actitud que elijes) cuando te sientes sola y aburrida, con la función de llenar tu vacío emocional. La manera en que puedes cubrir ese vacío, esa soledad, no es comiendo o buscando alguien para que esté contigo, sino llenando tú misma tu soledad.

Parece una paradoja, ¿cómo una persona que está sola puede llenar su soledad?

La solución es la aceptación de tu vida tal y como es en este momento, sin querer huir de ella, como hacías hasta ahora con la anestesia de la adicción. La solución es abrazar lo que es y sentir tu vida y tu soledad sin resistencias. Puede darte mucho miedo, pero por experiencia propia puedo decirte que es un miedo infundado, porque cuando te dejas sentir, el miedo desaparece y es cuando por fin encuentras la paz. Se trata de observar lo que sientes y no enredarte con la película que te cuentas. Y decir: «Me siento sola, oh, soledad, te reconozco. Ya te he sentido antes». Y seguir presente en lo que estés haciendo.

Un vacío no se llena con comida o con actividades, un vacío se llena cuando lo aceptas y te permites sentir dicho vacío, cuando te entregas al sentimiento de la soledad.

Esto mismo vale para cualquier emoción: celos, envidia, culpa, arrepentimiento, inseguridad…

¿De qué manera amorosa puedes (tú) cubrir la función que hasta ahora cubre tu adicción?

CLAVE N.º 2
No a las restricciones dietéticas: se trata de encontrar el punto medio entre decirse «sí a todo» o prohibirse cosas.

Vamos a hacer un ejercicio: No pienses en un burro volando…

…

…

¡Te dije que no lo pensaras! ¿Por qué lo has pensado?

¡Es inevitable! Cuando te prohíbes algo, tu cerebro tiene presente esa prohibición de manera permanente.

Prohibirse algo que una quiere es un acto de desamor hacia una misma. Se trata de encontrar el punto medio entre decirse «sí a todo» o prohibirse cosas. No tiene que haber alimentos prohibidos en tu dieta, más allá de que elijas voluntariamente restringir el consumo de algún alimento por gusto, por religión, por ética o por salud, como hacemos los vegetarianos. Puedes seguir comiendo galletas, patatas fritas cuando lo desees, siempre y cuando su función sea la de alimentarte y no la de evadirte de tus emociones.

Del mismo modo, y por si acaso se te plantea la duda, considero que tener a tu lado una pareja a la que amar y que te ame es correcto, de lo que hemos de huir es de utilizar la pareja para que nos dé el amor que nosotras no sabemos darnos.

CLAVE N.º 3
¿Qué le darías para comer a la persona que más quieres?

Como decía, lo que reconocemos en el mundo tiene un origen interior. Podemos apreciar la belleza porque somos bellas, ¿te acuerdas?

Éste es el principio de correspondencia del *Kybalión:* «Como es adentro es afuera, como es afuera es adentro».

El *Kybalión* es un documento del siglo XIX que recoge las enseñanzas de Hermes Trimegisto, que datan del antiguo Egipto anterior a la época faraónica. La leyenda cuenta que Hermes Trimegisto fue guía de Abraham.

Todo lo que vemos es un espejo de nosotras. Como dice el principio de incertidumbre de Heisenberg del siglo XX, nuestro mundo refleja nuestro estado interior. Tus relaciones con otras personas son un reflejo de aspectos tuyos que están siendo expresados en tu propio microuniverso.

Los sucesos cotidianos son los que despiertan nuestras emociones, pero el dolor que sentimos por ellos viene del pasado, de heridas abiertas que aún no hemos sanado. En realidad, nunca sufrimos por lo que creemos.

Quienes viven una vida próspera y abundante llena de belleza, paz y felicidad han logrado sanar su pasado y alinearse con su propia esencia del amor. Su mundo lo manifiesta.

Si tu mundo manifiesta una adicción dietética, es decir, una conducta que te hace daño, estás aceptando que no mereces tu amor. Tu amoroso ser interior está llamando desesperadamente tu atención para que hagas un cambio.

Cuentan que un caminante pasó por un pueblo en el que había una sola casa, en cuya puerta se encontraba un perro aullando sentado a los pies de su amo.

—Buen hombre, ¿qué le pasa a su perro? –preguntó el caminante.

—Que está sentado sobre un clavo –dijo el señor del pueblo de sólo una casa.

—Pero ¿y por qué no se levanta? –inquirió de nuevo el caminante.

—Porque aún no le duele lo suficiente.

Quizá permites todo este sufrimiento para poderte sanar, pero, por favor, no esperes a que te duela lo suficiente.

Querer cambiar una conducta y no su causa es tan absurdo como querer construir una casa por el tejado. Donde tienes que incidir es en amarte más, y sólo puedes amarte cuando sabes quién eres.

Recuérdate cada día que tú eres y estás hecha de amor. Que eres un ser espiritual lleno de luz jugando a pasar una temporada en la tierra para experimentar el plan de tu alma. El amor propio es una elección que tiene que ver con tu actitud de presencia ante tu propia esencia y no con tus circunstancias.

¿Qué le darías para comer a la persona que más quieres? ¿Alimentos que le nutran o alimentos que le hagan daño?

Desengancharse de un tipo de hombre es como desengancharse de un alimento poco saludable.

Digamos que vestida de sirena fuiste al mar un domingo a jugar con los delfines, pero el delfín que jugaba contigo era una sardina. Cuando quisiste darte cuenta, viste que te rodeaban un montón de sardinas y que, en todos estos años, nunca jamás habías jugado con un delfín.

Y te entristeciste. Te diste cuenta de que elegías mal el pez, que te gustaba su aspecto de delfín tanto que no eras capaz de ver que era una sardina.

Y te desanimaste. Porque te diste cuenta de que te seguían gustando las sardinas, aunque en tu interior lo que tu alma anhelaba era un delfín.

La espina de la sardina te hace daño, pero te atrae. Así que ahora estás perdida, tratando de cuidarte para desengancharte y aprender a amar a los delfines. ¿Sardinas? Se te antojan muy atractivas, pero cuidado con las espinas y... lávate las manos después... si no, apestarás a sardina.

EL ABC DEL AMOR: puntos principales para recordar

- Una de las maneras en que se manifiesta la insatisfacción vital es a través de la adicción a la comida, al efecto que produce en nosotras la alteración de la química cerebral que causa el consumo de las sustancias que estos alimentos contienen.
- Seguimos creyendo en la ilusión de un cuerpo perfecto y en que no somos lo suficientemente buenas para que nos quieran; precisamente la adicción a la comida nos aleja de ese ideal de cuerpo perfecto y perpetúa este sentimiento de inadecuación.
- Uno de los grandes errores que cometemos cuando queremos desengancharnos de los alimentos es tirar de la fuerza de voluntad imponiéndonos metas muy elevadas y estrictas que no somos capaces de alcanzar.
- Nuestras creencias determinan nuestra realidad: si crees que no puedes erradicar tu adicción dietética, no podrás.
- Se trata de encontrar el punto medio entre decirse «sí a todo» o prohibirse cosas. Puedes seguir comiendo lo que desees, siempre y cuando su función sea la de alimentarte y no la de evadirte de tus emociones.
- Si tu mundo manifiesta una adicción dietética, es decir, una conducta que te hace daño, estás aceptando que no mereces tu amor. Tu amoroso ser interior está llamando desesperadamente tu atención para que hagas un cambio.

PASA A LA ACCIÓN: el conocimiento sólo se integra cuando se practica

Para integrar la lectura de este capítulo en tu vida te propongo una adivinanza:

Hay 3 pájaros en la rama de un árbol y 2 de ellos deciden saltar. ¿Cuántos pájaros hay ahora en la rama?

Solución: sigue habiendo 3 pájaros en la rama, porque no basta con decidir algo, hay que llevarlo a la acción.

Hoy has plantado la semilla para que puedas relacionarte de forma amigable con los alimentos que crees que te quitan la paz; has aprendido que la paz no te la puede quitar nada ni nadie externo porque tú eres paz, y que de ti misma depende que esta semilla germine.

Si aún no lo has hecho, pasa a la acción primero dando respuesta a las preguntas que se plantean en este capítulo:

- ¿Cuándo comes eso que no quieres comer? ¿Es en momentos en los que estás aburrida, triste, ansiosa, cuando te sientes sola, o por ejemplo cuando te has enfadado con alguien? Para este fin te servirá llevar un registro de alimentación diaria en el que anotarás todo lo que comas y cómo te sientes física y emocionalmente justo un poco antes y después de comer. De este modo podrás relacionar tus emociones con tus elecciones dietéticas.

- Tratar el síntoma no funciona, sólo funciona tratar la causa: ¿cuál es tu piloto rojo? ¿Qué función cumple en tu vida la adicción y de qué manera amorosa puedes (tú) cubrir la función que hasta ahora realizaba?

- ¿Qué le darías para comer a la persona que más quieres? ¿Alimentos que le nutran o alimentos que le hagan daño?

- ¿Cuánto tiempo inviertes al día en cuidarte? Si es menos de media hora es urgente que lo amplíes. Elegir desde el amor a ti misma tiene un coste: tu tiempo. Regálate a ti misma tu propio tiempo y trátate como a la persona que más quieres.

Más ideas para pasar a la acción:

- Pasa un fin de semana a solas contigo misma.
- Come sano.
- Ponte todas las mascarillas del mundo en tu piel.
- Depílate.
- Organiza tus armarios. Ordena los cajones. Los de la cocina también, y tira esos restos o esos alimentos dañinos. Limpia tus zapatos.
- Habla largas horas por teléfono con esa amiga a la que hace tiempo que no ves.
- Lee ese libro que tienes olvidado.
- Toma el sol.
- Escribe en tu diario.
- Date un baño de espuma e hidrata bien tu piel.
- Cocina tu plato preferido.
- Si tienes un animal, acarícialo mucho.
- Déjate ayudar.

(No) Vivir para los demás

Para vivir una relación de amor auténtica, lo primero y más necesario es vivir en tu propia coherencia, es decir, ser tú misma y no quien otros esperan que seas.

Imagínate un caso muy frecuente entre mis clientes, el de una persona que ha comido siempre de todo y de pronto decide dejar de comer carne de res y de ave, así como embutido. ¿Por qué? Pues porque se convence de que no es saludable o porque se conciencia con el sufrimiento animal.

Imagina que esta persona, la llamaremos María, sin embargo decide comer jamón serrano, porque le encanta y le parece bien así, dos veces al año, en Navidad y en su cumpleaños.

¿Qué crees que pasará? La gente a su alrededor (familiares, pareja, compañeros de trabajo, amigos, conocidos...) le dirán:

Caso 1: «No veo bien que no comas carne y sí comas pescado, al fin y al cabo los peces también son animales».

Entonces, si María vive para los demás, dejará de comer pescado también.

Caso 2: «Si no comes ni carne ni pescado vas a enfermar».

Entonces, la María que vive para los demás, comerá otra vez pescado.

Caso 3: «Si no comes jamón, pues no lo comes, ¿qué es eso de comer jamón dos veces al año? O es que sí o es que no».

Entonces, como María vive para los demás, dejará de comer jamón o lo comerá siempre, pero entonces se encontrará en el caso 1 o 2.

Y así, sucesivamente…

Pues esto, que te parecerá exagerado, es lo que hacemos cada día. Tú y yo.

Responde a estas preguntas: ¿siempre estás donde quieres estar?, ¿hablas de lo que quieres hablar?, ¿sonríes de verdad porque te apetece o lo haces forzada?, ¿te vistes como te gusta o como «hay que vestirse»?, ¿trabajas en lo que quieres?, ¿comes lo que quieres?, ¿mantienes el contacto con algún amigo con quien ya no te quieres relacionar?, ¿vives en la casa donde quieres vivir?, ¿en la ciudad en la que quieres estar?, ¿eres libre?

A menudo nos sentimos atrapadas en vidas que son de otros, y no las nuestras, pero no nos atrevemos a cambiarlas porque el cambio supondría un gran caos.

«El caos es un reordenamiento».

RAIMON SAMSÓ

Hagas lo que hagas, te encontrarás con personas que opinarán en contra de tus decisiones y te apuntarán con el dedo. Son personas para quienes debemos ser muy importantes, porque prestan más atención a nuestras vidas que a las suyas.

Salte de esta rueda. Yo cada día me propongo firmemente ocupar mi tiempo en mejorarme antes que en hablar de los demás.

«Que hablen de mí aunque sea mal». Esto es lo que escuché una vez decir a la cantante Madonna cuando le preguntaban si no le daban miedo las críticas...

A muchas personas les aterrorizan las críticas y o bien dejan de ser quienes son para no ser criticados... o bien sufren mucho al recibir las críticas de otras personas por hacer lo que quieren.

Aquí van mis 10 ideas para que te dé igual lo que la gente diga de ti. Es posible que, si las aplicas, puedas liberarte del miedo a la crítica y dejar de vivir las vidas de los demás.

1. **Normaliza las críticas**. Si hasta la madre Teresa de Calcuta, Vicente Ferrer o Gandhi son criticados, ¿por qué tú y yo pretendemos no serlo? Vive como quieras porque siempre habrá alguien a quien no le parezca bien, pero tú no vives la vida de otros, ni para que los demás te aprueben.

2. **Valora la parte positiva de una crítica.** Como decía Madonna, «Que hablen de mí aunque sea mal». Esto, que puede sonar divertido, en realidad encierra una gran sabiduría: si hablan de ti es porque les importas. Y está bien importar a los demás. La persona que es desagradable contigo quiere que le hagas caso, criticarte es una manera de llamar tu atención. Si pones amor donde hay odio quizá hasta acabéis siendo amigos.

3. **Despersonaliza.** Cuando te critiquen, incluso aunque te duela porque el comentario provenga de alguien a quien conoces, piensa que no tiene que ver contigo, sino con él/ella mismo/a.

Las personas que están en paz consigo mismas no critican, invierten su tiempo en algo más valioso. Ten compasión porque el mundo interior de quien te critica debe de estar patas arriba.

«NO TE TOMES NADA PERSONALMENTE:
Lo que los demás dicen y hacen es una proyección
de su propia realidad,
de su propio sueño.
NADA de lo que hacen es por ti.
Cuando seas inmune a las opiniones y los actos de los demás,
dejarás de ser la víctima de un sufrimiento innecesario».

MIGUEL RUIZ en *Los cuatro acuerdos. 2.º acuerdo*

4. **Comprométete con tu misión.** ¿Qué no estás haciendo por estar pendiente de las críticas? Invertir el tiempo en cosas improductivas es un truco de la mente para no salir de su zona de confort. Cuando estás ocupado preocupándote de las críticas no haces otras cosas que te cuestan más, pero que serán más beneficiosas para ti.

5. **Haz de tu vida tu pasión.** ¿Te has preguntado para qué (y no por qué) estás pendiente de las críticas que te hacen? ¿De qué tienes miedo? Profundiza en tu desarrollo como ser humano y verás como ya no te queda tiempo para estar pendiente de ellas. Cuando estás muy ocupada con tu vida e invirtiendo tus energías en disfrutar de tu trabajo y de tus seres queridos, no tienes tiempo para estar pendiente de las críticas.

6. **Igual con las críticas constructivas.** Las personas que están en paz consigo mismas no critican, invierten su tiempo en algo más valioso. Ni siquiera hacen críticas constructivas, que tampoco valen para nada. Desde luego, si me quedara un minuto de vida... ¡no lo malgastaría en hacer una crítica constructiva! Daría las gracias o expresaría mi amor.

7. **Aplícate el cuento antes de hablar.** Antes de hablar de alguien (aunque ni siquiera sea hablar mal), pregúntate si eso que vas a decir aporta algo a alguien y si ese algo es positivo.

8. **Hazte un autoanálisis cada noche.** Pregúntate si hay verdad en la crítica. A lo mejor es que hay algo que tienes que mejorar y no te has dado cuenta. Esto puede ser verdad especialmente si lo que se dice de ti te duele mucho.

9. **Desapégate de los resultados.** Vincúlate con la acción y no con el resultado. Tanto si te elogian como si te critican, nada de esto es importante. Lo importante son esas pequeñas acciones del día a día a través de las que te pones al servicio de los demás. Como dice Gandhi, «Esos actos insignificantes que, sin embargo, es muy importante que realicemos».

«Si la persona es humilde nada la perturbará,
ni la alabanza ni la ignominia,
porque se conoce, sabe quién es».

MADRE TERESA DE CALCUTA

10. **Si todo lo anterior no funciona.** Si necesitas de la opinión ajena para apreciar tu valía, si estás a merced del criterio de los demás o si necesitas su aprobación, pregúntate qué tal andas de humildad y de autoestima, porque quizá pueda ser una llamada de atención para que dirijas una mirada hacia tu propio Ser.

«Necesitamos escuchar las opiniones de los demás
porque estamos domesticados
y esas opiniones tienen el poder de manipularnos».

MIGUEL RUIZ

Todo se puede conseguir, es sólo cuestión de entrenamiento. Y te hablo por propia experiencia.

EL ABC DEL AMOR: puntos principales para recordar

- Para vivir una relación de amor auténtica, lo primero es ser tú misma y no quien otros esperan que seas.
- Hagas lo que hagas, te encontrarás con personas que opinarán en contra de tus decisiones y que prestan más atención a tu vida que a la suya.
- Muchas personas dejan de ser quienes son para no ser criticadas.
- 10 ideas para que te dé igual lo que la gente diga de ti: (1) Normaliza las críticas. (2) Valora la parte positiva de una crítica. (3) Despersonaliza. (4) Comprométete con tu misión. (5) Haz de tu vida tu pasión. (6) Igual con las críticas constructivas. (7) Aplícate el cuento antes de hablar. (8) Hazte un autoanálisis cada noche. (9) Desapégate de los resultados. (10) Si todo lo anterior no funciona, dirige una mirada hacia tu propio ser.
- Todo se puede conseguir, es sólo cuestión de entrenamiento.

PASA A LA ACCIÓN: el conocimiento sólo se integra cuando se practica

Para integrar la lectura de este capítulo en tu vida te propongo que des respuesta a la siguiente pregunta:

¿Dónde no soy coherente y, en definitiva, libre, en mi vida?

«Actuad, pero no busquéis el fruto de vuestras acciones».

Gandhi

El amor condicionado

Cuando empecé a plantearme que mi manera de amar podría ser errónea me di cuenta de que no amaba igual a las personas que a los animales.

Convivo con dos gatos a los que adoro. Tienen muy buen carácter y son una preciosa compañía. Cuando llego a casa, casi siempre salen a recibirme y a hacerme fiestas, pero hay días en que ni siquiera miran hacia la puerta. Esos días me sonrío por dentro y me digo ¡vaya par de vagos! O ¡vaya, ya se han enfadado! (Me refiero a un enfado de broma). Y me parece muy gracioso que a veces sean unos vagos o que a veces parezca que se hayan enfurruñado sin razón aparente.

Uno de mis gatos tiene un carácter muy variable. Hay días que cuando lo voy a acariciar se escurre hacia abajo para evitar que lo toque. Me hace mucha gracia. Cuando hace eso pienso ¡Qué *arisquillo* es! Me sonrío por dentro y sigo haciendo mi vida.

Sin embargo, si iba a casa de un novio y no salía a recibirme y ni siquiera miraba hacia la puerta, no pensaba divertida en que estuviera vagueando o que se le hubiera cruzado un cable. Pensaba que era un maleducado, que me había faltado al respeto, que no le importaba e internamente decía: «¡Cómo me hace esto a mí!».

Si le hubiera ido a acariciar y se hubiera encogido para que no le tocara… seguramente habría alucinado, me hubiera enfurecido o me habría puesto a llorar.

> *«Nos juzgamos y juzgamos a los demás*
> *basándonos en nuestras creencias».*
>
> MIGUEL RUIZ

Sin embargo, con mis gatos, este comportamiento me hace gracia. De hecho me parece muy divertido. ¿Por qué esta diferencia?

Durante un tiempo viví en un ático con una terraza bastante peligrosa para gatos, pero yo acepté el riesgo de darles libertad. Los gatos podían salir y caminar por los tejados cuando quisieran y regresar a casa a comer, beber y dormir calentitos cuando les apeteciera. También podían caerse por los tejados. De hecho esto fue lo que ocurrió. Sufrieron dos accidentes, en uno de ellos incluso hubo cinco bomberos implicados en el rescate.

Me mudé a vivir al campo durante una temporada, sabiendo que los gatos que viven en el campo están expuestos a muchos más peligros que los gatos que viven en un piso. Sin embargo, les volví a dotar de completa libertad. No sabía cuándo iban o venían, a veces desaparecían durante días y uno de ellos sufrió de nuevo otro accidente. En este caso le costó estar ingresado en la UCI de un hospital veterinario para gatos durante diez días. No se murió de milagro.

Les seguí permitiendo ser libres, aceptando que como consecuencia de esta libertad ellos podrían morir y yo me quedaría sin ellos.

Sin embargo, cuando un novio me decía que quería irse a pasar unos días solo de vacaciones, a mí me sentaba mal y me costaba muchísimo trabajo aceptarlo. Su libertad era su felicidad pero no era la mía. Me enfadaba y le quería menos porque se iba de mi lado y me preocupaba que no me echara de menos, que pensara que estaba mejor sin mí, que me olvidara o que conociera a otra mujer que le gustara más... y entonces me dejara o me fuera infiel.

*«En la actualidad es frecuente que muchas parejas acaben su recorrido
porque dejan de satisfacer al individuo y porque,
ante situaciones difíciles y estresantes,
sus miembros se inclinan hacia el yo y hacia su propio camino personal».*

JOAN GARRIGA

Cuando me voy de viaje, siempre dejo a alguien encargado de cuidar a los gatos. A veces es alguien que se queda en casa o a veces es alguien que viene de visita, pero siempre alguien de confianza que los atiende bien. Cuando estoy fuera de casa no les echo de menos, casi ni me acuerdo de ellos, incluso aunque sean temporadas largas, hablo de meses. Y cuando luego vuelvo a casa los veo y me alegro mucho de verlos, los abrazo, los acaricio y duermo con ellos.

La manera como me comportaba cuando me separaba de un novio era muy diferente, aunque no fueran ni dos semanas. Esperaba ansiosa sus mensajes en mi teléfono móvil o sus *emails,* me enfadaba cuando no los recibía, si no eran lo suficientemente cariñosos o efusivos, si nunca mencionaba que me echaba de menos…

Sin embargo, yo sabía que cuando estaba fuera no echaba de menos a los gatos y eso no significaba que no les quisiera. Yo adoro a mis gatos, pero les quiero libres, les quiero díscolos, les quiero cariñosos cuando les da la gana, les quiero vagos, activos, enfadados y con buen carácter, los quiero cuando estoy con ellos y cuando estoy lejos, los quiero cuando tienen accidentes y cuando están sanos, los quiero aunque me llenen la casa de pelos y me arañen los muebles, los quiero aunque cada día les tenga que limpiar la arena… Yo los quiero simplemente porque son y quiero su libertad.

Sin embargo, a mis parejas las he querido cuando eran amables y cariñosas conmigo, cuando hacían lo que prometían, cuando me trataban siempre como yo quería que me trataran, cuando cumplían con las expectativas de mi ser controlador y manipulador. Y lo peor de todo es que me creía que eso era amor incondicional.

Te gusta un chico, te parece simpático y parece que tú le gustas a él, así que sales con él. Todo va bien hasta que de pronto surgen problemas. Quizá haya que adaptar maneras de ser, pero decimos que tenemos incompatibilidad de caracteres; formas de entender la economía doméstica, y entonces es que el otro es un tacaño o un manirroto; no acaba de funcionar en la intimidad, y pensamos que nos hemos equivocado de pareja… Así que tiramos por la calle de en medio.

A veces nuestra pareja pasa por un duro período personal, le despiden del trabajo, muere algún ser querido o él mismo enferma… Conozco un montón de casos en los que esto es la causa de la ruptura de la pareja.

Cuando éramos niñas y una amiguita nos molestaba le decíamos «ya no te ajunto», y cambiábamos de amiga. Ahora de adultas, tenemos la oportunidad de crecer como seres humanos gracias a las molestias que nos producen los demás. Pero de manera infantil, elegimos de nuevo dejar de ajuntarlos.

Cuando descubrí todo esto comencé el proceso de aprender a amar: si amamos incondicionalmente a los animales es porque tenemos esa esencia dentro.

Sabemos amar incondicionalmente, sabemos alegrarnos de la felicidad del ser amado aunque esto suponga perderle de nuestro lado, sabemos vivir nuestra vida sin estar sufriendo por no estar junto al amado cada día, sabemos aceptar sus cambios de humor y no juzgar las razones, sabemos amar desde la libertad.

Lo que pasa es que no lo hacemos porque tenemos miedo. Utilizamos a las personas a través de lo que llamamos amor para protegernos de nuestros miedos, porque tenemos tanto miedo que el amor no tiene cabida. Sabemos amar pero no amamos. Y además justificamos todos nuestros miedos bajo la premisa del amor.

«Si tomas tu felicidad y la pones en manos de alguien,
más tarde o más temprano la romperá.
Si le das tu felicidad a otra persona,
siempre podrá llevársela con ella.
Y como la felicidad sólo puede provenir de tu interior
y es resultado de tu amor,
sólo tú eres responsable de tu propia felicidad».

MIGUEL RUIZ

Te echo de menos porque te quiero, me duele no verte porque te quiero, me enfada que no me saludes porque yo te amo…, ¡menudas cosas nos contamos!

Echamos de menos, nos dolemos y nos enfadamos cuando no queremos, no cuando amamos. Cuando amamos, nos hace gracia y nos sonreímos divertidos del gesto torcido del otro. Porque el otro no vive con respecto a mí, sino que tiene vida en sí mismo y para sí mismo. No personalizamos la relación, no nos creemos el centro de su Universo ni le convertimos a él o ella en el centro del nuestro.

El amor no existe para una única persona. El amor es un estado meditativo en el que cada uno nos podemos sintonizar, y desde ahí relacionarnos con todos los seres para el disfrute y el profundo respeto de su estilo personal de ser, aunque no lo entendamos, aunque no sea el nuestro.

¿Por qué cuando amamos nos hace gracia y nos sale sonreírnos divertidas ante el gesto torcido del otro?

Por lo siguiente: cuando amas es porque te amas a ti misma. Y desde la paz entiendes que simplemente el otro estará distraído en sus cosas, en su propia vida, en su proceso, en su momento. El que no me salude no tendrá nada que ver conmigo sino consigo mismo. Por tanto, yo podré sonreírme y observarle divertida pensando «Qué se traerá entre manos este hermano mío». Y amarle mucho, comprendiendo que el que me salude o no, no tiene que ver con que no me quiera, pues ¿cómo el mismo amor podría no ser amado?

«La creación no se limita al arte.
También las relaciones personales pueden crear amor.
La más importante de las relaciones personales

es la que establecemos con nosotros mismos.
Todo lo que sucede en ella
se reflejará en las relaciones con los demás.
Las relaciones no pretenden hacernos felices, sino conscientes».

RAIMON SAMSÓ

Si yo no me amo, me rechazaré, estaré enfadada conmigo misma y no me atenderé. Y esto será lo que lleve dentro: una falta de amor. Entonces mi mundo me devolverá lo que hay en mí, y llegaré a casa y mi pareja no me saludará porque no me ama y porque me rechaza. Y yo diré para mis adentros, «¿Ves?, no me quiere, nadie me quiere, es horrible vivir así». Y lo que es horrible es que un ser que es amor puro se crea que alguien puede no quererle porque él mismo no se ama y no reconoce su propio amor dentro de sí.

El amor condicionado no es más que un reflejo de una falta de amor propio. Si quieres atraer el amor a tu vida, no debes buscarlo fuera, porque esto sería lo mismo que construir una casa por el tejado. El amor que recibes en tu vida es un reflejo del amor que tienes dentro de ti, cuanto más te ames y cuanto más ames a los demás, mayor será el amor que recibas de ellos.

Amarse a uno mismo no es difícil, sólo hay que poner intención en ello. Observar los pensamientos y las sensaciones que tenemos, que son producto de los pensamientos, pero que a veces son más fáciles de observar que los primeros.

No se trata de esperar impasible a que los chaparrones pasen, se trata de mantener una actitud interior de confianza y aceptación, permanecer en un estado de no necesidad ni de urgencia. La impaciencia es del ego porque el espíritu no entiende de tiempos, fechas o calendarios.

El que los demás se comporten mal contigo es un reflejo de tu falta de amor propio. ¿Cómo vas a querer a los demás para que te quieran y sean buenos contigo si tú no te quieres? ¡Nunca podrá ocurrir! ¿Ves qué sinsentido? La existencia no puede darte lo que tú misma no te concedes. El amor incondicional ya está dentro de ti, lo que necesitas es derribar las barreras que hacen que no lo veas y que por eso no seas capaz de manifestarlo a tu alrededor.

«Sufrir es más fácil que actuar».

BERT HELLINGER

Si analizas cómo te sientes, puedes llegar a los pensamientos que han originado tus sentimientos. Cuando te sientes desbordada por la vida, cuando tu realidad no te gusta, date cuenta de que siempre detrás hay pensamientos de falta de paz. Los pensamientos son sólo pensamientos. Si quieres los puedes cambiar.

EL ABC DEL AMOR: puntos principales para recordar
- Para conocer más sobre tu manera de amar, analiza cómo amas a las personas y cómo amas a los animales.
- ¿Quieres a tu pareja sólo cuando cumple con las expectativas que tienes de él? Aun así, ¿piensas que le amas de manera incondicional?
- Sabemos amar incondicionalmente, alegrarnos de la felicidad del ser amado aunque suponga perderle de nuestro lado, vivir nuestra

vida sin estar sufriendo por no estar junto al amado cada día, aceptar sus cambios de humor y no juzgar las razones y también amar desde la libertad.

- Cuando amamos, nos hace gracia y nos sonreímos divertidos del gesto torcido del otro.

- El otro tiene vida en sí mismo y para sí mismo. No nos creamos el centro de su Universo ni le convirtamos a él en el centro del nuestro.

- Si sabes que eres un ser completo y divino, no creerás en el rechazo. La realidad no confirmará nada que no lleves dentro. Simplemente el otro estará distraído en sus cosas.

- El amor condicionado es un reflejo de una falta de amor propio. Si quieres atraer el amor a tu vida, no debes buscarlo fuera; cuanto más te ames, mayor será el amor que recibas de los demás.

- Se trata de mantener una actitud interior de confianza y aceptación, permanecer en un estado de no necesidad ni de urgencia.

- El amor incondicional ya está dentro de ti, lo que necesitas es derribar las barreras que hacen que no lo veas y que por eso no seas capaz de manifestarlo a tu alrededor.

«En el camino del miedo,
te amo si permites que te controle,
si eres bueno conmigo,
si te ajustas a la imagen que he creado de ti».

MIGUEL RUIZ

PASA A LA ACCIÓN: el conocimiento sólo se integra cuando se practica
Para integrar la lectura de este capítulo en tu vida te propongo que tomes tu cuaderno de crecimiento personal y respondas a las siguientes preguntas:

- ¿De qué manera manifiesto en mi vida, a través de mis obras u omisiones, amor condicionado hacia mí misma?
- ¿Me amo siempre y en cualquier situación?
- ¿En qué situaciones no me amo?
- ¿Para qué es útil no amarme?
- ¿De qué modo puedo darme ese amor que tanto anhelo?
- ¿Qué acción concreta voy a tomar en este preciso momento para amarme sin condiciones?

Expectativas para recibir: exigir, desear y pedir

«Ama como te gustaría ser amado,
libremente y sin condiciones».

PAUL FERRINI

Cuando estás comprometida con aprender a amar necesitas cuestionarte tus creencias. Como dice el psicólogo Joan Garriga, experto en constelaciones familiares, «¿No es igualmente válido pensar que somos nosotros los que debemos darle algo a la pareja, al mundo, y no al revés?».

QUE ME SIRVAN. PRIMERA EXPECTATIVA. «El hombre está a tu lado para servirte ¿verdad?».

Yo me he educado en una familia tradicional y he sido la menor de tres hermanos, los dos mayores varones. He crecido creyendo que el hombre tiene que proteger a la mujer y para mí esta creencia significa que la obligación de mi pareja es protegerme. Me ha costado mucho aceptar que un hombre no está a tu lado para llevarte las bolsas de la compra, dejarte pasar delante o llevarte y recogerte de los sitios con su coche. He dado por hecho que mi pareja se tenía que comportar de esta manera, para mí era una exigencia, y el que no lo hiciera lo he interpretado como un indicio de egoísmo, de falta de amor e incluso una ofensa.

El hombre existe por sí mismo y para sí mismo. Pensar que es tarea del hombre cuidar a la mujer es lo mismo que creer que los animales existen en la tierra para que nos los comamos y no para sí mismos.

QUE LAS COSAS FLUYAN. SEGUNDA EXPECTATIVA. «En la pareja las cosas tienen que fluir. Mi novio ha de ser adivino y manifestar el poder de leer mi mente».

Hay una creencia muy extendida que es la de que «en la pareja las cosas tienen que fluir». Es verdad que hay personas con quienes parece que todo es muy sencillo, pero pienso que no sólo depende de las afinidades entre las personas, sino que la vida es sencilla cuando te relacionas desde el amor. Y a veces hay que poner especial intención en vivir las relaciones desde el amor.

La creencia de que las relaciones han de fluir solas es muy peligrosa porque te exime del compromiso de poner especial intención en vivir y relacionarte desde un estado natural de amor. Hay personas con las que sientes un mayor grado de afinidad y otras con las que la semejanza es menor. Creo que ambas sensaciones indican que estás ante almas que tienen una enseñanza que mostrarte.

Según Joan Garriga, han de darse cinco condiciones para el bienestar de la pareja, que son:

1. Que sea fácil, que todo se desenvuelva con naturalidad, que resuenes con la persona. Esto no quiere decir que todo fluya de la mejor manera sin poner intención en que sea así. Lo contrario es pensar las relaciones de manera infantil. La atracción se pierde cuando te

sientes rechazada y no comprendida, porque entonces no te apetece acercarte a tu pareja porque temes que cualquier cosa que hagas sea malinterpretada. Lo mismo le pasa a él.

2. Que se trate de dos naturalezas no demasiado incompatibles, que se puedan comprender.
3. Que los miembros de la pareja sean verdaderamente compañeros, que tengan propósitos comunes.
4. Tener fe y confianza plena en el otro. Cuando el otro se convierte en un enemigo ya no hay vuelta atrás.
5. El deseo espontáneo de que el otro esté bien, antes que vivir la pareja más al servicio del yo que del tú o del nosotros. Cada vez que te retraes y actúas con frialdad crees que castigas a la pareja, pero te castigas a ti mismo, porque disminuye el nivel de unión entre ambos. Si bien el autor menciona que no conoce a ninguna pareja que las cumpla todas, sabe que las que sólo cumplen una o dos de las cinco condiciones, lo pasan realmente mal.

Recuerda, todos somos alumnos de maestros y maestros de alumnos, y pensar que si una relación fluye es adecuada y si no fluye no lo es, no es más que dejarse llevar por un juicio caprichoso del ego. Las relaciones cambian y el ego entonces cambiará su opinión. Lo único que es real es lo que no cambia, lo que no depende de un juicio o de una interpretación.

LA EXIGENCIA. TERCERA EXPECTATIVA. «Le doy todo a mi pareja, si él no me lo da todo a mí es porque no me quiere».

Aunque la base de la pareja ha de ser dar, si uno de los miembros de la pareja se siente deudor, se ve a sí mismo dependiente y pequeño e incluso se va porque no puede soportar la presión de la deuda. El que se siente acreedor se ve con derechos sobre el otro o se siente mejor persona que él, que no puede entregarse tanto.

Las mujeres a veces pensamos que nuestras parejas deben ser adivinos y responder ante nuestras necesidades completamente. Aunque ni las conozcan. Al fin y al cabo, dar es nuestra manera femenina de expresar el amor ¿no?

> *«El dador compulsivo se pone en un lugar de superioridad*
> *y esconde su necesidad de recibir,*
> *para tener al otro dependiente y bajo control,*
> *haciéndolo sentir necesitado,*
> *y argumentándolo, eso sí, como amor absoluto».*

JOAN GARRIGA

Se trata, pues, de encontrar el equilibrio en el ecosistema de la pareja, y esto pasa por saber qué quiere recibir cada uno, pues no se trata de dar más, sino de darle al otro lo que este quiere.

> *«Convertir a un hombre en la única fuente de amor y apoyo*
> *es presionarlo demasiado».*

JOHN GRAY

Se nos olvida que somos hijas de Dios y pensamos que necesitamos cosas que damos por supuesto que no tenemos, como amor, comprensión y apoyo, pues Dios siempre nos lleva de la mano. Por si esto fuera poco, estamos convencidas de que los otros deberían darnos este amor, que es su obligación, y más cuanto más cercano sea su vínculo con nosotras. Además esperamos que nuestra pareja adivine nuestras necesidades, pues para eso es nuestra pareja.

Así que menuda desgracia recibe ese ser querido al que le adjudicamos el título de «mi pareja» o «mi mejor amiga». Ése al que decimos que queremos más que a los demás. Mi querido novio o mejor amiga a quienes les exijo ser diferentes a como son y que respondan a mis expectativas sin siquiera conocerlas, no parecen ser tan queridos en realidad.

He de aclarar, no obstante, que no debemos permanecer en una relación en la que nuestra pareja no nos trata bien. Existe un mínimo no negociable bien conocido por todos, como los malos tratos físicos o psicológicos. Pero también cada una podemos escribir nuestra lista personal de no negociables y elegir no estar con una persona que no cumpla ni respete esos mínimos.

Aquí te copio mi lista de «no negociables» como inspiración para crear la tuya:

- Malos tratos físicos
- Malos tratos psicológicos
- Infidelidad
- Persona no espiritual
- Mentiras
- Persona que come carne en casa
- Problemas con adicciones: al juego, al alcohol, al sexo, al teléfono móvil, a la televisión
- Que no ame a los animales
- Que no tenga un trabajo ético
- Un hombre no interesado en trabajar la relación

EL APEGO A LO QUE ME DAS. CUARTA EXPECTATIVA. «Estoy apegada a lo que deseo de ti».

«NO HAGAS SUPOSICIONES:
encuentra la valentía necesaria para
preguntar y expresar lo que realmente quieres.
Comunícate con los demás tan claramente como puedas
a fin de evitar malos entendidos, tristeza y dramas.

Sólo con este acuerdo transformarás tu vida por completo,
el día que no hagas suposiciones,
te comunicarás con habilidad y claridad
y tus palabras se volverán impecables».

MIGUEL RUIZ
en *Los cuatro acuerdos. 3.º acuerdo.*

Podemos decirle a nuestra pareja que, como el amor incondicional no pide nada, no tenemos expectativas sobre su comportamiento, que es libre de hacer lo que desee, porque lo aceptamos. A la vez podemos decirle que, aunque no pidamos nada, tenemos deseos, y que consisten en tal o cual cosa que queremos de ella. No te pido nada, pero estoy apegada a algo que quiero de ti, a la vez te digo que te amo incondicionalmente. Cuando estamos apegadas a lo que deseamos del otro, el que amemos incondicionalmente es una mentira que nos contamos. Y como nos la contamos a nosotras mismas, se la contamos al otro y esperamos que la crea.

Desearía que me felicitaras en mi cumpleaños. Y si llega el día y no me felicitas, me pondré triste o me enfadaré porque no te has acordado. Significa para mí que no te importo, que no me valoras, que no me quieres como te quiero yo a ti (¡y menos mal!), así que eres el causante de mi malestar. Eres culpable de lo que siento.

Estoy apegada a que desempeñes un comportamiento o hagas alguna cosa que me haga sentir bien. Estoy apegada a que me salves.

«En cada relación, o bien te encuentras
o bien te pierdes a ti mismo».

RAIMON SAMSÓ

Pedir sin expectativas

Me gustaría que me felicitaras por mi cumpleaños, porque disfruto al recibir tu felicitación. Significa que comparto un ratito con alguien que me gusta tanto que sonrío tan sólo por ver su preciosa carita. Pero si se te olvida no hago un drama. A lo mejor te veo y bromeo: «¡Oye, tú! ¿Qué pasa con los cumpleaños de los seres queridos? ¿Lo de felicitar ya no está de moda o qué?». Y te recuerdo que me encanta que me felicites, pero que no es un requisito para amarte.

Te quiero por quien eres, no porque te acuerdes o no de mi cumpleaños, y además no tengo ninguna necesidad de que lo hagas. En caso que la tuviera, no te cargaría con el deber de satisfacerla, ya me encargo yo de atenderme el alma.

Esto también te libera a ti de tener que atender las demandas del otro cuando nacen de un deseo insano de cubrir un espacio vacío que no te pertenece llenar.

«El amor a uno mismo es el motor de la transformación.
Y el trabajo con la sombra es su programa de estudios».

PAUL FERRINI

En la tercera parte de esta obra aprenderás que pedir sin expectativas es la manera inteligente de que el hombre te dé lo que deseas. Cuando el hombre percibe que le exiges que haga algo, aunque sea algo tan sencillo como el típico «bajar la basura», sentirá que abusas de él, y poco a poco perderá su interés en ti.

EL ABC DEL AMOR: puntos principales para recordar
- **Que me sirvan. Primera expectativa.** «El hombre está a tu lado para servirte, ¿verdad?». No. No es verdad. Un hombre no está a tu lado para llevarte las bolsas de la compra o llevarte y recogerte con su coche.

- **Que las cosas fluyan. Segunda expectativa.** «En la pareja las cosas tienen que fluir. Mi novio ha de ser adivino y manifestar el poder de leer mi mente». La creencia de que las relaciones han de fluir solas te exime del compromiso de poner especial intención en vivir y relacionarte desde un estado de amor.
- **La exigencia. Tercera expectativa.** «Le doy todo a mi pareja, si él no me lo da todo a mí es porque no me quiere». Tampoco es cierto. Aunque la base de la pareja ha de ser dar, si uno de los miembros de la pareja se siente deudor, se ve a sí mismo dependiente y pequeño e incluso se va porque no puede soportar la presión de la deuda. El que se siente acreedor se ve con derechos sobre el otro o mejor que él, que no puede entregarse tanto.
- **El apego a lo que me das. Cuarta expectativa.** «Te amo incondicionalmente aunque estoy apegada a lo que deseo de ti». No te pido nada, pero quiero algo de ti, me creo que te amo incondicionalmente. Otra mentira que nos contamos. Y como nos la contamos a nosotras mismas, se la contamos al otro y esperamos que la crea.
- **Pedir sin expectativas.** «Te quiero por quien eres, me encargo yo misma de atenderme el alma y soy libre de no atender tus demandas si nacen de un deseo insano de cubrir un espacio vacío que no me pertenece llenar».

«Una pareja puede estar rota en el alma aunque siga la relación».

JOAN GARRIGA

PASA A LA ACCIÓN: el conocimiento sólo se integra cuando se practica

Para integrar la lectura de este capítulo en tu vida te propongo hacer el siguiente análisis: las personas que te irritan son tus mejores maestros, porque reflejan esas partes de ti que aún están pendientes de ser sanadas. Es posible que haya personas que te resulten más difíciles de amar. Esto te da la oportunidad de tomar consciencia de tu propia sombra y llevar amor a esa parte de ti que nunca te ha gustado ni has aceptado.

Cuando nos enfadamos porque los demás no responden a nuestras exigencias utilizamos el rol de víctimas. Queremos dar la imagen de ser unas pobrecitas a las que nadie hace caso, pero lo cierto es que nadie tiene la obligación de darnos nada, y mucho menos si se lo exigimos. Si quieres a alguien le quieres por quién es, y no por lo que te da. ¿Te enfadarías con tu gato porque no limpia su cuenco después de comer?

Hoy dirige una mirada con compasión hacia esa o esas personas, que pueden ser tu pareja, amigos o familia, a quienes les exiges un determinado comportamiento para contigo. Analiza qué hay detrás de esta exigencia y modifica las creencias que la convierten en algo tan importante para ti.

Ejemplo. Si me enfado con mi pareja porque no recuerda mi cumpleaños quizá es porque creo que quien me quiere debe acordarse de mis fechas, por lo que concluyo que no me quiere. No me estoy enfadando porque se haya olvidado de mi cumpleaños, sino por lo que significa para mí este olvido (que no me quiere), según mi creencia. Una vez conozco mi creencia, ¿soy capaz de desmontármela? ¿Es cierto en todos los casos que quien se olvida de mi cumpleaños no me quiere?

Apego, posesión y dependencia: cuando crees que el miedo es amor

«Esto también pasará».

Eckhart Tolle

Ya sabes que los dos gatos con los que vivo son grandes maestros. Cuando llueve, se asoman cautelosos y cuidan más su salto, no sea que se resbalen. Pero no se enfadan porque se les encrespe el pelo o se les mojen los calcetines. Nunca los he visto molestarse si salgo o entro, si pongo música o si repiten la comida. Si hace frío se juntan el uno al otro y se dan calor. Si hace calor, se tumban en el suelo del baño, que está más fresco. Y cuando en primavera mudan el pelo, a veces vomitan el que se han tragado al lamerse. Y así es. No toman medicamentos antivómito. No están contrariados ni de mal humor, sólo están. Viven cada día, con lo que cada día les trae, en paz.

En vez de reaccionar contrariada, con nerviosismo o con infelicidad ante una situación o el comportamiento de otra persona, la persona que practica el desapego se queda tranquila, acepta lo ocurrido sin juzgarlo ni victimizarse y sigue su vida, logrando así paz y fuerza interior.

No nos comportamos con los demás por cómo son, sino por cómo somos. El apego es el control de los resultados, la dependencia de un desenlace concreto. Una persona desapegada mantiene la paz y la calma ante lo que no puede cambiar ni controlar, como hacen los animales.

«La mayor felicidad se encuentra
en ponernos en sintonía con lo que la vida nos trae
aunque no encaje con nuestros deseos personales:
aceptarlo, amarlo y aprovecharlo
como un nutriente mensajero de otra sabiduría mayor».

JOAN GARRIGA

Siempre que hablo de aceptar, hablo de una aceptación positiva y no de resignarse. Resignarse es dimitir, abandonar, renunciar y retirarse. Tiene que ver con el aislamiento voluntario al que nos sometemos cuando nos victimizamos. ¿Para qué seguir luchando? ¡Nunca nadie me querrá! ¡Jamás podré tener esa relación de pareja que tanto anhelo! Me voy a un rincón, que puede ser en sociedad, porque es un rincón del alma y no necesariamente físico, y allí me resguardo de ser herida, dejo de exponerme a los vaivenes del amor.

> *«Hoy en día la pobreza es más espiritual que material,*
> *y consiste en soledad, desaliento y falta de sentido de la vida.*
> *Es un tipo de pobreza mucho más grande.*
> *Significa no tener a nadie a quien llamar».*

MADRE TERESA DE CALCUTA

La resignación ante situaciones que salen diferentes a como queremos que salgan, supone no haber entendido que el amor no es lucha, sino paz. Desde la lucha sólo podremos obtener sufrimiento, estaremos apegadas a un resultado, a un objetivo rígido que nos ata a una meta determinada, o si no, nos aboca al abandono y a la victimización. Así es normal «que nunca nadie te quiera» porque tú misma no estás actuando desde el amor, y no se puede recibir lo que no se da.

Si te empeñas en no considerar esta ley, estarás dándote de cabezazos contra una pared de ladrillo como estuve yo durante años, esperando que los objetos de mi deseo, mis amigos, mis parejas, permanecieran a mi lado de la manera en que yo quería que estuvieran, siendo puras cosas que tenían que cumplir su función de darme la felicidad que yo misma no me daba.

Por propia experiencia te digo que la resignación se confunde con la aceptación, igual que el miedo se confunde con el amor. Hay que ser muy honesta con una misma para cuestionar nuestras creencias. A mí me funciona mucho observar esa intranquilidad interna que se siente a veces como sin venir a cuento y recordar qué situación estaba viviendo cuando comencé a sentirla.

Se puede apreciar cuándo brota la alegría de lo más hondo del alma. Es una alegría serena, no es un estado de exaltación, es un bienestar que se llena del bienestar de los demás, que se alegra en la alegría ajena, que se nutre de dar libertad y de admirar la grandeza de los juegos de la existencia.

Cuando vivo el desapego me río más. Celebro en el alma el éxito de los demás. Cuando estoy apegada, lo vivo como una amenaza, como si el que otros brillaran oscureciera mi propia luz. Éste es el regalo disfrazado que me aporta el pensamiento de la separación, la idea equivocada de creer que existes de forma independiente de los demás y que por tanto su bien no es el tuyo, sino todo lo contrario.

¡Qué absurdo pensamiento automático! ¡Y qué grande es saberlo recibir con amor y compasión! Saber que responde a la herida que llevas dentro.

El apego es la manifestación de muchas de las heridas que tienen que ver con el rechazo, el sentimiento de abandono, de falta de valía, de no merecer amor, etc., y que tienen lugar en las interpretaciones de muchas vivencias naturales de la infancia, como la enfermedad o muerte de uno de los padres o de un hermano; el orden que ocupas dentro de los hermanos, si la menor, la mayor, la del medio...; si tus padres apreciaban tu intelecto o tu sensibilidad artística; si te cuidaron mucho, poco o a veces mucho y a veces poco; si te controlaban todo lo que hacías o si por el contrario te dejaban incontrolada, sin referencias ni límites... o si a veces sucedía una cosa y a veces otra.

No se trata de haber tenido padres malos ni una infancia dolorosa, son situaciones normales de la vida que ocurren sin más. Son hechos neutros. Lo eran antes y lo son ahora. No es malo ni bueno ser la menor de los hermanos, ser hija única o haber nacido en una familia numerosa. Simplemente es. Y cómo lo viviste te explica tu comportamiento de adulta, ya que vivir tu infancia de un modo u otro hace que aceptes como válidos determinados axiomas, creencias sobre lo que te hace merecedora de amor y lo que no.

> Quizá creciste pensando que sólo serías digna de amor si estabas delgada, como les pasa a muchas clientas mías, y si tu pareja te acaricia cariñosamente la barriga o las caderas, conectarás con el miedo al abandono. Te apegarás a una imagen delgada de ti misma, y si no la tienes creerás que no mereces ser amada, así que te conformarás con parejas que no te tratan bien o que no te gustan lo suficiente, por el convencimiento de que no debes aspirar a lo que de verdad te mereces.

Yo crecí pensando que no tener pareja era mi culpa. Sentía tanta vergüenza al no tener pareja que acabé conformándome con lo que entendía como «menos malo» de entre la escasez de hombres disponibles que sentía que había. ¡Qué locura, pero qué real era mi locura! No sólo pensaba que no merecía todo el amor, sino que además creía que en el mundo, mi mundo, que reflejaba mi interior, escaseaba el amor.

Pero como soy hija de Dios, y esto es algo que no admite discusión ni duda, él me miró con compasión. Atrajo hacia mi vida algunas situaciones dolorosas en las que el dolor catalizó mi despertar y me hizo darme cuenta de cuánto amor merezco tan sólo por ser su hija.

No necesitaba hacer nada para merecer su Amor, que es el que nunca se extingue. Me conectó con la certeza de saber que la única razón por la que una hija de Dios puede estar viviendo sin amor es porque no sabe que lo es. Que cuando sabes que la energía celestial siempre está en ti, no tienes que resignarte con lo menos malo, porque mereces una vida plena en todos los sentidos, sin hacer nada, sólo por Ser. Éste es su regalo. Y como buena hija decidí aceptar y abrirme a lo que mi padre me daba.

Se puede cambiar una creencia, yo he cambiado algunas. Mis herramientas fueron y siguen siendo la presencia y la confianza. Un día, de pronto, te das cuenta de que las nuevas creencias se han automatizado.

El apego, la dependencia o el aferramiento son la misma cosa. Los tres te hacen perder la libertad, es decir, la paz. Y es a través de los límites donde las relaciones con los demás mantienen su autonomía, sin convertirse en cárceles de manipulación ni expectativas.

«La vida misma es un ashram
y cada momento es una oportunidad espiritual».

TERRY COLE WHITTAKER

Una persona que aprende a vivir con lo que tiene y no siente el temor de perderlo se puede considerar verdaderamente libre.

Descubrimos que existe apego en nuestras relaciones cuando nuestro deseo de posesión del ser amado nos causa sufrimiento. Creemos que esto es amor pero en realidad es dependencia, porque estamos convencidos de que necesitamos lo que obtenemos a través de la persona supuestamente amada.

Quizá lo que pensamos que recibimos es una posición social o quizá un refugio para poder seguir mirando hacia afuera, porque no tenemos la valentía de volvernos a observar nuestro propio Ser y sus heridas. Y lo entiendo, porque volverse hacia una misma sólo puede traerte paz cuando lo haces con compasión. Si no, espera un poco. Aprende el perdón y el amor hacia ti misma antes de acercarte a tu oscuridad. Sin ellos puedes quedarte atrapada en el victimismo y la culpa. En pensar que lo que te pasa es tu culpa en lugar de verlo como que es, aunque sea algo doloroso, gracias a ti, que Dios lo permite, para responder a tu deseo de sanar.

> El apego y la dependencia son formas de adicción. Como todas las adicciones, trabajarlas directamente no conduce a su erradicación, porque las adicciones son síntomas, es decir, consecuencias de una causa. Por tanto su origen es otro.

Cuando trabajo con mis clientes para que consigan liberarse de comer alimentos hacia los que sienten que tienen dependencia, como los dulces, el chocolate o el café, les expongo este mismo enfoque.

La adicción a un alimento, igual que a una persona, es la consecuencia de un estado emocional de carencia en el que nos encontramos. A corto plazo el alimento o la persona pueden calmar una emoción de soledad, tristeza, ansiedad, o cualquier otra manifestación del miedo. A medio plazo, este efecto se disuelve, por eso necesitamos más droga, para que siga haciendo efecto. El inconveniente es que la dosis cada vez ha de ser mayor y además no resuelve el problema, sino su manifestación. Como los medicamentos con las enfermedades.

El verdadero detonante es la emoción que sentimos. Cuando nos sabemos seres completos y merecedores de amor reaccionamos de manera automática en paz ante los hechos neutros de la vida. Sabemos mantener la calma y aceptarlos. Como los gatos. ¿Has visto algún gato enfadado cuando se le escapa el ratón? Sí que es verdad que durante la caza están alertas, serios, concentrados, pero si pierden su presa no se lamentan por lo tontos o inútiles que son: «¡No valgo para nada! ¿Quién me va a querer?»… ¿Has visto algún gato haciéndose esta pregunta después de que se le escape el pájaro o la lagartija?

La mayoría de las personas reaccionamos automáticamente a los hechos emitiendo un juicio negativo de éstos. Entonces no podemos más que sentirnos mal. Ni siquiera somos conscientes del pensamiento que enjuició la situación que vivimos, dado su automatismo. Y muchas veces, tampoco somos conscientes de la emoción que ha propiciado el juicio.

Sólo sentimos un malestar de fondo, un desasosiego, una insatisfacción vital que siempre está ahí, aunque tengamos momentos buenos en nuestro día a día. Una intranquilidad que no se va.

Cuando estamos apegadas a que la vida sea siempre como queremos y esto no ocurre, podemos hacer tres cosas:

1. Compensar con algo externo a nosotras.
2. Dejarnos sentir liberando la emoción.
3. Soltar.

Veámoslo con detalle:

1. Compensar con algo externo a nosotras

La reacción habitual y socialmente aceptada es compensar nuestro disgusto con algo externo a nosotras, como ir de compras, comer dulces o, en el caso que nos ocupa, apegarnos a una persona. Así dependemos de los momentos satisfactorios que esta relación nos proporciona. Y como quiera que las relaciones se componen de momentos de todo tipo, seguimos sintiéndonos insatisfechas porque este apego no nos proporciona siempre el resultado que buscábamos.

Lo bueno es que ahora tenemos un culpable delante, que es el otro. Le hemos colgado el cartelito de «eres mi pareja», lo que significa que como «eres a quien más quiero, estás obligado a proporcionarme los buenos momentos que me ayuden a escapar de mi estado interior de insatisfacción».

Y lo que no sabemos es que ambas partes de la frase son en realidad mentira: ni se trata de la persona que más queremos, porque entonces la dejaríamos libre; ni de que nadie tenga la responsabilidad de hacernos escapar de nuestra insatisfacción interior, en primera instancia porque no es responsabilidad de nadie más que de cada uno de nosotros.

> Cuando hablo de responsabilidad no hablo de culpa. Todo lo contrario. No es tu culpa que tengas que lidiar con el desapego. No es que hagas nada mal ni que seas inadecuada. Los tiros no van por ahí. Antes bien es un obsequio de Dios para ti en respuesta a tu compromiso con tu desarrollo como ser humano.

Aunque no te acuerdes, te has comprometido a aprender a amar. Y si no, no estarías leyendo este libro. Y Dios, que no te quita ojo y que está en todo momento a tu lado, permite que vivas situaciones en las que realizar dicho aprendizaje. Por tanto no estás en este momento por tu culpa sino gracias a ti. Gracias a tu compromiso de crecimiento, Dios permite que vivas esto, para ayudarte a que adquieras el conocimiento que ansías y que te hará libre.

¡Bien! ¡Ya tenemos un buen propósito! ¡Queremos aprender a desapegarnos! Vamos a ver qué actitud nos puede ayudar a conseguirlo:

Imagina que vas a un restaurante y le dices al camarero que te encantaría saber hacer esos platos tan ricos. Entonces él te lleva a la cocina y te coloca un delantal para que cocines. Entonces tú dices:

—¡Pero bueno, que yo he venido aquí a comer, no a cocinar!

Y el camarero te mira perplejo sin entender nada, ya que él te está brindando la posibilidad de que se cumpla tu petición: dijiste que te encantaría saber hacer esos platos tan ricos, ¿qué te pasa? ¿Es que ahora que tienes la posibilidad ya no quieres?

—Claro, pero es que en la cocina hace mucho calor, tengo que estar de pie y además son muchas horas. Yo no me imaginaba que esto iba a ser tan duro.

Sin embargo, miras a tu derecha y ves a un chico joven, cocina en varias ollas distintas a la vez sin que nada se le queme y seguramente pasando bastante más calor que tú, sonríe y silba, ajeno al dolor de pies y al cansancio. Los ha integrado como parte del trato. A lo mejor lo nota cuando cuelgue el delantal y se vaya a casa a descansar, pero en este momento, se siente pleno, dichoso, enfocado y 100 por 100 presente.

De pronto, al ir a darle la vuelta a la tortilla en el aire, ésta ha caído al suelo. Le observas y ves que la recoge, te guiña un ojo, la tira a la basura y… ¡se pone a hacer otra!

Sin dramas, sin apegos, sin dependencia de esa tortilla que salió mal.

Justo ahora entra el chef y le grita:

—¡Manolo, a pelar patatas, que no damos abasto y te necesitamos por aquí!

Y Manolo, con otra sonrisa, termina con los fogones, te mira guiñándote otro ojo y se va a pelar patatas, con la misma actitud de aceptación y alegría que tenía antes.

¿Por qué Manolo actúa así? ¡Pues ya lo has adivinado! Manolo está desapegado. Vive el ahora.

Manolo ha dejado de controlar y deja ir la situación. Manolo tiene fe, porque ha depositado su confianza en Dios y es en sus manos donde descansan sus voluntades.

El desapego es la aceptación, la no expectativa, la fe en que todo lo que pasa, sea lo que sea, es para tu mayor bien. Es dejar de querer ser la directora general del Universo.

Para tener confianza en la vida no hay que creer en nada concreto, sino escoger cómo se mira una situación y aprender a dejar ir y aceptar, sabiendo que Dios sólo quiere lo bueno para mí, y por tanto aceptando su Voluntad, antes que nuestra propia visión imperfecta sobre cómo deben ser las cosas.

2. Dejarnos sentir liberando la emoción

Te decía que ante nuestra intranquilidad, podemos hacer tres cosas, y una de ellas es compensar con algo exterior a nosotras que nos calme, como acabamos de ver y como ya vimos en el capítulo titulado «la adicción a la comida» cuando hablábamos de las adicciones dietéticas.

Lo siguiente que podemos hacer es dejarnos sentir lo que sentimos pero sin apegarnos a la emoción. Estoy triste y me victimizo, me regodeo en mi tristeza y no la suelto. ¿Por qué?

«El sufrimiento es una droga dura».

Sergio Fernández

Primero porque cambiar una creencia supone renunciar a tener razón, y si renuncio a tener razón creo que puedo morir. ¿Quién soy yo si no soy mis razones, mis creencias, mis verdades? Cambiar una creencia pasa por aceptar que puedo ser aniquilada. Prefiero no cambiarlas y no ser aniquilada.

Segundo, si sigo sufriendo podré manipular a los demás para que hagan lo que yo espero de ellos, porque se sentirán culpables de mi tristeza o sentirán pena de mí. Sea como sea, aun a costa de mi dignidad, estarán a mi lado que es lo que yo quiero, porque estar sola me aterra.

Y lo tercero es soltar y permitir que lo que ha de ser, simplemente sea.

> Si practico el desapego de mis emociones, las libero. El desapego funciona igual con todo, con las personas, con las cosas y con las emociones que sentimos. Al liberar una emoción dolorosa, que es cualquiera que provenga del miedo, como la tristeza, la soledad, la rabia, el sentimiento de injusticia, el abandono, el rechazo, el desaliento, el desánimo, la ansiedad…, la dejo ir. Y por tanto, desaparece.

¿Cómo se libera? Aceptándola como es, sin quererla controlar ni modificar y, sobre todo, sin resistirte a ella.

Da miedo, ¿verdad? Pues este miedo anticipatorio no tiene ni idea. Hay una ley natural que siempre se cumple que dice así: «Aquello contra lo que te resistes, persiste». Y punto. Porque las leyes naturales no son discutibles, son universales e inmutables.

Por eso, cuando aceptas que te sientes tan mal y observas tu dolor sin identificarte con él, porque tú no eres tu dolor, es sólo algo que estás sintiendo, éste se disuelve.

¿Te lo crees? Yo no lo creía hasta que hice la prueba. Y si además te sabes siempre en presencia de Dios, que no sólo camina a tu lado sino que en los momentos más duros te lleva en brazos…, entonces esa emoción ya no pasa de ser dolorosa hasta el punto de causarte un sufrimiento. No. No pasas del dolor, no llegas a sufrir.

Sólo necesitas tener la fe en que Dios te acompaña y que liberando la emoción ella seguirá su curso, no se te quedará pegada para siempre. «Esto también pasará», en palabras de E. Tolle.

Las otras personas, al igual que tú, son libres. El compromiso de amar incondicionalmente no significa compromiso de permanencia, significa «no te pongo condiciones». La sociedad, que también somos tú y yo, acepta que amar incondicionalmente significa «permaneceré a tu lado hagas lo que hagas y seas como seas». Y esto es un error. El amor incondicional es el que ama hagas lo que hagas y seas como seas, porque no espera de ti, no es apegado, no juzga tu comportamiento. Eso no quiere decir que por amor a una persona tengas que permanecer a su lado para siempre. Son conceptos distintos. Del mismo modo, alguien que te ama no está obligado a estar a tu lado para siempre.

La vida nos une en apariencia de manera caprichosa, pero estas uniones responden a un plan perfecto y divino que reconoce el deseo más profundo de nuestra alma. Cuando una relación deja de tener sentido para los propósitos de crecimiento en el amor del alma, las personas pueden separarse en armonía, agradeciéndose lo que se desarrollaron cada una como consecuencia de su encuentro divino. Sin dramas, sin culpas, sin manipulación, sin castigo, sin reproche, sin rencor.

> *«Una pareja mantiene su sentido*
> *mientras sigue siendo nutritiva, creativa,*
> *y un campo abonado para acoger los movimientos*
> *del alma profunda de sus miembros,*
> *pero deja de tenerlo cuando no es así.*
> *En ese caso, hay que afrontar, tarde o temprano, la ruptura».*

JOAN GARRIGA

Pero todo esto sólo puede originarse en el desapego, que es el arte de dejar ser, dejar ir o dejar venir al ser libre que la vida nos colocó al lado, como sabemos, en respuesta a nuestra petición de crecimiento.

«Vemos en los demás lo que tememos ver en nosotros mismos.
Corregimos un juicio cuando sabemos que lo que vemos
no tiene que ver con el otro,
sino con nosotros mismos.
Si nos sintiéramos seguros ahora mismo, no juzgaríamos.
Cuando tratas de justificar tus juicios,
te aferras a ellos, no los dejas ir».

PAUL FERRINI

Apegarse a un hombre es la mejor manera de conseguir que el hombre sienta que le quieres poseer, que no es libre, que te has convertido en su madre y, como consecuencia, te abandone.

Y si hay que deshacer la pareja, Joan Garriga te da la clave para hacer un buen cierre:

1. Entregándonos al dolor y viviendo la turbulencia emocional que toque.
2. La siguiente relación se debe construir sobre el amor de la anterior, es decir, que se trata de integrar y cerrar el pasado tomándolo con amor.

3. Soltar

Crea el don de ser capaz de compartir tu vida con un hombre maravilloso. Tengo ganas de hablar contigo sobre algo que seguro que te suena. Alguna vez te lo habrán dicho o lo habrás dicho tú…:

«Te quiero, pero no puede ser».

¿Sabes una cosa? El final de una historia de amor con una persona guarda muchas similitudes con desengancharte y decir adiós a un alimento que te daña y que no quieres comer más.

Por eso el amor y el hambre están tan unidos.

No me entiendas mal, despedirte de un amor es algo mucho más profundo, pero como seguro que ya te ha ocurrido alguna vez, puedes aplicar los mismos pasos para decirle que no a un hombre o a un alimento. Veamos un ejemplo con el queso, que fue un alimento al que yo misma estuve enganchada, a veces más a veces menos, durante años:

1) **Decides que la relación ya no tiene futuro (ni presente).** «Querido queso, te quiero, pero no puede ser» (ése fue mi caso); o «Querido gluten, te quiero, pero no puede ser» (¡también fue mi caso!).

   Cuando te das cuenta del daño que te hace una relación o de que te aleja de tus objetivos vitales, puedes hacer dos cosas: seguir en ella y ver si se puede arreglar, o dejarla. Si ves que comer queso, gluten, azúcar, animales, o lo que sea que comas, te hace daño (tripa hinchada, malas digestiones, diarrea, estreñimiento, subes de peso, conflicto ético o moral...), puedes:

   - Ver si se puede arreglar: sigues comiéndolo pero eliges alimentos ecológicos, disminuyes la cantidad que comes (como si te tomaras un tiempo dentro de una relación), lo comes más despacio, te enfocas en la combinación de alimentos, cambias los lácteos de vaca por los de cabra, comes huevos de corral en lugar de los de granja...
   - Dejarlo: si aun así el malestar continúa..., no tienes más remedio que ¡dejarlo!

2) **Abstinencia.** Para dejar con éxito una relación es útil no verse por un tiempo, ¡o al menos, no verse tanto! Así que saca el alimento de tu casa y evita ponerte en situación de peligro (¡por ejemplo ir a comer a un restaurante especializado en quesos si lo que quieres es dejar el queso!).

3) **Aceptar lo que sientes.** No te niegues la frustración, el dolor, la ansiedad o lo que sea que sientas por la despedida. Recuerda que «a lo que te resistes, persiste», así que si estás hecha polvo, lo estás. Éste es un buen momento para verte a ti misma y conocerte mejor, para

buscar soluciones, para apoyarte en la gente que te quiere y que está deseando echarte un cable, y para ver lo que te aportó la relación y no vivir desde el victimismo.

Por ejemplo, sientes ansiedad por comer pan blanco malísimo con mucho gluten, pero se te antoja esponjoso por dentro y crujiente por fuera. Y te observas. Observas qué hay detrás de ese deseo, buscas alternativas saludables y recuerdas lo ligera que te sientes cuando tomas, por ejemplo, un zumo de hortalizas.

4) **Tomar la decisión de elegir otra cosa.** Una elección supone una renuncia, le dices que no a algo o a alguien; por eso nos cuesta tanto decidir. Nos fijamos en la pérdida, en ese «no», pero no nos fijamos en la ganancia, en el «sí» a lo que nos acerca más a nuestro objetivo.

Si tu objetivo es la salud física y el bienestar espiritual, ése es tu sí. Céntrate en que si eliges evitar el alimento dañino o el tipo de hombre sardina que no delfín, te acercas a tu objetivo, en lugar de enfocar el dolor por la pérdida de lo que en el fondo no quieres.

«Las relaciones con amor dependen de dos personas,
y ambas deben estar dispuestas
a experimentar su propia perfección».

SONDRA RAY

5) **Permitir que tu nueva elección ocurra de manera natural.** Al principio tu deseo es que el antiguo amor regrese, ¡le echas tanto de menos!, pero si te mantienes fiel a tu decisión y sigues los pasos anteriores, llega el día en que aparece alguien que se te antoja mejor.

Yo me acuerdo cuando dejé de comer queso. ¡Sólo pensaba en él! Pero luego, tras pasar «el durísimo síndrome de abstinencia», cuando un día decidí conscientemente y no por compulsión comer un poco, me sentí decepcionada: «¡Pues no es para tanto!», pensé. De manera natural me había dejado de atraer. Como pasa con los exnovios.

La gente que tienes en tu vida te quiere. Las rosas nos permiten disfrutar de ellas durante toda su vida, si las arrancas para tenerlas contigo se marchitarán enseguida. Las has separado de sus raíces, de la esencia que las alimenta y hace crecer. La rosa es la esencia de las buenas personas. Lo que le hace falta a una rosa es el calor del sol, y cuando lo recibe es cuando logrará su máximo esplendor. Como ellas, no podemos elegir dónde nacemos pero sí quién nos da el calor necesario. Para eso tienes las espinas, para que nadie intente separarte de ti misma.

¿Y por qué a veces te han dejado si eres una rosa maravillosa? No te han dejado por ti, quien te deja lo hace por sí mismo.

No mantengas ataduras sentimentales o historias inconclusas. Todos tenemos nuestro pasado, pero si no eres libre no podrás construir una relación en libertad. Las frustraciones de tus sueños en la vida no deben hacerte dudar de la realidad presente, que incluso puede ser mejor que tus propios sueños.

Busca un hombre divertido pero centrado. Capaz de transitar por los nubarrones y agarrarte con todas sus fuerzas para decirte: «Tú no te vas, te quedas, porque aquí hay algo que tenemos que hacer los dos: amarnos».

Se dice que sólo se puede amar a quien se ama a sí mismo, sin embargo el amor, como yo lo entiendo, pasa por amarte mutuamente incluso cuando el otro pase por períodos en los que no se ame, tenderle esa mano de compañeros y sacarle a flote, quedarte e impedirle que se vaya y, así, recorrer de verdad el camino del Amor con mayúsculas.

Amas porque tienes ese sentimiento en lo más profundo de tu corazón. Amas a una persona porque te gusta cómo es, cómo habla, cómo ríe, cómo se mueve, cómo canta, cómo llora. Amas a esa persona por su generosidad, su bondad, su educación, su belleza interior o, por qué no, también la exterior, o sea, por todas sus virtudes. Pero también la amas por sus defectos, esos que hacen que no seamos perfectos, que no seamos infalibles, que nos equivoquemos con la posibilidad de poder acertar, que nos caigamos y podamos volver a levantarnos, que tengamos la valentía de pedir ayuda, de reconocer nuestra perfecta imperfección, porque qué sería de nosotros si fuésemos perfectos, yo por lo menos no lo quiero; y no lo quiero porque me gusta seguir aprendiendo cada día.

EL ABC DEL AMOR: puntos principales para recordar

- El apego es el control de los resultados, la dependencia de un desenlace concreto. Apego, dependencia o aferramiento son la misma cosa. Y son formas de adicción.
- La persona que practica el desapego se queda tranquila y acepta la vida sin juzgarla ni victimizarse, logrando así paz y fuerza interior. Se trata de una aceptación positiva y no de resignarse. Resignarse es dimitir, abandonar, renunciar, retirarse y victimizarse.
- El apego es la manifestación de las heridas que tienen que ver con el rechazo, el abandono y la creencia de no merecer amor, que tienen lugar en las interpretaciones de vivencias de la infancia.
- A través de los límites es donde las relaciones con los demás mantienen su autonomía, sin convertirse en cárceles de manipulación ni expectativas.
- Existe apego en nuestras relaciones cuando nuestro deseo de posesión del ser amado nos causa sufrimiento. Quien aprende a vivir con lo que tiene sin temor de perderlo se puede considerar de verdad libre.
- Cuando estamos apegados a que la vida sea siempre como queremos y esto no ocurre, podemos hacer tres cosas: (1) Compensar con algo externo a nosotras; (2) dejarnos sentir desapegándonos de la emoción y (3) soltar y permitir que lo que ha de ser, sea.
- Para desapegarnos de los resultados y tener confianza en la vida hay que elegir cómo mirar una situación.
- Practicar el desapego con las emociones dolorosas las libera. Y desaparecen. Se liberan aceptándolas como son, sin resistirse a sentirlas. Cuando observas tu dolor sin identificarte con él, se disuelve.

- El amor incondicional es el que ama hagas lo que hagas y seas como seas, porque no espera de ti. Eso no quiere decir que por amor a una persona tengas que permanecer a su lado para siempre.

«El mundo está lleno de sufrimientos;
la raíz del sufrimiento es el apego;
la supresión del sufrimiento es la eliminación del apego».

BUDA

PASA A LA ACCIÓN: el conocimiento sólo se integra cuando se practica

Para integrar la lectura de este capítulo en tu vida te dejo cuatro ideas que te ayudarán a sanar el apego:

1. El apego es miedo, miedo a la pérdida, y el miedo es un impedimento para amar. Nadie nos pertenece y no vinimos al mundo para poseer a nadie. Antes bien, vinimos al mundo a aprender a amar.
2. Detrás de una supuesta pérdida se esconde la enseñanza de que está por llegar algo nuevo y mejor para nuestro crecimiento. Si no renunciamos a lo que ya fue, ¿cómo puede haber espacio para lo que ha de ser ahora?
3. Si disfrutas las cosas en paz y relajadamente, ahorrarás la lucha y la tensión emocional que supone protegerlas y conservarlas. Niégate a quedarte apegada creyendo que no podrás ser feliz sin ellas.
4. El apego tiene su origen en que no entendemos que el amor es para todos, no sólo para una persona. El desapego puede coexistir con un pacto de fidelidad entre dos personas, amar a todos no significa tener relaciones íntimas con todos, pero el amor no está condicionado a tener pareja.

Cuando preguntamos ¿hay amor en tu vida? En realidad preguntamos ¿tienes pareja? Y esto es un absurdo porque el amor no es una persona, no es cómo nos sentimos hacia una persona o lo que recibimos de ella. Tú eres el amor mismo. Preguntarte si hay amor en tu vida es preguntarte si estás tú, y la respuesta obviamente es que sí. Si tú eres el amor mismo, tus interacciones con todos los seres de la creación, plantas, animales y personas, con el agua y el aire del planeta, reflejarán tu ser, que manifestará amor a su alrededor por el puro hecho de serlo.

¿Hay amor en tu vida? Sencillamente, sí. Ahora es el momento de soltar las ataduras y de vivir en paz, ¿te animas?

Amor calculado: cuando haces para que el otro haga

Una vez escuché a la experta en comportamiento no verbal Joaquina Fernández algo que se me quedó grabado. Decía con mucha gracia que nadie es atractivo en su hogar cuando está con ropa de casa, con los pelos recogidos en un moño y sin maquillar o afeitar. Sin embargo, cuando salimos, nos importa mucho cómo nos ven los demás y nos acicalamos al detalle. Y no es que esto esté «mal», siempre es agradable para los demás y para nosotras mismas relacionarnos con personas que estén limpias y que tengan un aspecto cuidado. El problema aparece cuando nos mostramos de determinada manera para que el otro nos devuelva el comportamiento que queremos.

A veces nos mostramos de determinada manera para que el otro nos devuelva el comportamiento que queremos.

Durante años he sentido mucho miedo al abandono. Por eso he hecho cosas para que mi pareja no me abandonara... y he conseguido precisamente eso..., que me abandonara.

Tengo una anécdota del pasado que me resulta muy divertida porque me observo con compasión. Resulta que a un novio le encantaba dar un paseo en bici por un bosque que está en un extremo de la capital de Madrid, donde vivo. Para llegar allí, había que atravesar parte de la ciudad, saltando aceras, yendo por calles peatonales y por carreteras con tráfico de coches, de subida y de bajada. Ahora hay un carril bici en Madrid, pero en ese momento no había.

Una vez en el bosque, se daba una vuelta enorme subiendo por unas cuestas infames y bajando por un camino de tierra. Para él, su rutina diaria, el paseo era una delicia y le gustaba ir acompañado. Para mí, que acababa de aprender a montar en bici, seguir su ritmo y soportar los caprichos del camino eran un acto de heroicidad que hacía para gustarle más, obligada por mi miedo al abandono.

Él, que había hecho ese camino durante años y con otras novias que eran mucho mejores ciclistas que yo, se olvidaba de mi torpeza y siempre me dejaba atrás. Parecíamos una pareja japonesa de alcurnia, él delante y yo prudentemente detrás, sólo que no a un metro de distancia sino a diez o a veces hasta cien metros de diferencia.

Entonces yo le odiaba interiormente por su falta de consideración, y como mi cara tenía una mueca de enfado, seguramente con eso lo único que conseguía era gustarle menos.

Cuando conseguí darme cuenta de la tontería, dejé de ir a montar en bici con él, contraté un entrenador personal y me dediqué a correr por un parque cercano a mi casa, que era algo que me gustaba mucho más. Y entonces fui yo misma.

A menudo hacemos cosas que no queremos hacer sólo por conseguir algún favor de los demás. Por ejemplo no mostrar el desacuerdo, el

enfado, lo que te duele, no pedir cosas que para nosotras son importantes, ir a lugares donde no queremos estar o permanecer con personas con quienes no queremos quedarnos, porque no nos atrevemos
a decir que no y que nos rechacen o nos dejen de querer.

Queremos complacer a los demás y no desentonar, que nos quieran
y acepten, que digan que somos muy simpáticas, amables, buenas personas o trabajadoras… Y para conseguirlo ofrecemos a los demás nuestro amor calculado.

«Nos acostumbramos a creer que lo que nos nutre en la vida depende
de acontecimientos externos
y que lo que nutre nuestras relaciones
depende de cómo los demás se comportan con nosotros».

KRISHNANANDA Y AMANA

Las consecuencias de ofrecer a los demás nuestro amor calculado
son:

1. Lo primero es que estamos yendo en contra de nosotras mismas. Si
   no quieres hacer algo y lo haces, te niegas tu amor.
2. Lo segundo es que estamos engañando a los demás. Ellos no cono-
   cen la razón oculta por la que somos amables, si pudieran leernos el
   pensamiento se quedarían de piedra.
3. Lo tercero es que cuando buscamos conseguir algo desesperadamente, significa que no creemos tener ese algo, y no podemos obtener aquello que no tenemos. Éste es el primer concepto que se
   expone en esta obra en el capítulo «La prueba del amor».
4. Y lo cuarto es que cuando damos amor calculado, también recibimos amor calculado de vuelta.

Otras veces, fingimos que algo no nos molesta, y fingir tampoco es amar. Fingir no hace que desaparezca nuestro dolor, antes bien nos vuelve irritables, malhumoradas y resentidas, alejándonos de la persona que nos ha herido. Sin embargo, la vida nos despierta a través de las molestias cotidianas. Cuando sabemos que nuestros estados de frustración, alteración o dolor tienen un significado más profundo, podemos trabajar estas experiencias desde el amor.

Muchas mujeres viven la vida centradas en sus logros y reprimiendo los sentimientos incómodos, esto es lo que las lleva a dar amor calculado, es una manera de soportar las decepciones y el *shock* de los sentimientos de traición, aunque puedan llegar a perder el contacto con sus propias necesidades.

«En nuestra cultura,
el dolor tiene mala prensa porque creemos
que nos puede llevar a la depresión,
pero es más bien al revés:
nos deprimimos porque detenemos el flujo espontáneo
de nuestros sentimientos
o pretendemos pasar por alto lo que duele».

JOAN GARRIGA

Al reprimir lo que sentimos, actuamos de una manera que no concuerda con la vibración energética que emitimos. La pareja se aleja de nosotras y no entendemos por qué. Nos sentimos rechazadas y se refuerza nuestro enfado con el otro. En este punto quizá nos retiremos física y energéticamente de la persona que nos ha herido, de forma muy emocional e irresponsable, impidiendo nuestro propio crecimiento y el de la relación. Estamos tan desbordadas por el miedo a que nos hagan daño que saboteamos las relaciones con los demás.

«Gran parte de nuestra ira,
cuando sentimos que se nos falta al respeto,
es realmente ira hacia nosotras mismas
por no tomarnos el tiempo necesario
para sentir y honrar lo que queremos y necesitamos».

KRISHNANANDA Y AMANA

Hemos de ofrecer amor y comprensión a la pequeña niña que vive en el corazón de cada una, de este modo el pánico comienza a disminuir y podemos responder con autenticidad ante el comportamiento de los demás.

EL ABC DEL AMOR: puntos principales para recordar

- A veces nos mostramos de determinada manera para que el otro nos devuelva el comportamiento que queremos y hacemos cosas que no queremos hacer por miedo a que nos rechacen o nos dejen de querer.
- Para conseguirlo ofrecemos a los demás nuestro amor calculado.
- Las consecuencias de ofrecer a los demás nuestro amor calculado son: (1) Vamos en contra de nosotras mismas. (2) Engañamos a los demás. (3) Nos alejamos aún más de lo que queremos. (4) Recibimos también amor calculado de vuelta.

PASA A LA ACCIÓN: el conocimiento sólo se integra cuando se practica

Para integrar la lectura de este capítulo en tu vida te propongo que analices qué cosas haces por razones diferentes a tu propio gusto o decisión, como hacer un recorrido en bici que odias, y hacerlo no para acompañar a tu pareja, sino porque piensas que si no lo haces él te abandonará…, o en qué situaciones te callas y finges que algo que te está doliendo no te duele.

Una vez analizado el amor condicionado que le das a tu pareja, o si no tienes pareja, extiende el análisis a la relación que tienes con otras personas que haya en tu vida, responde a esta pregunta:

¿Muestras tu enfado, pones límites, te relacionas con quien quieres, hablas de lo que te gusta hablar...?

Si no es así, pregúntate, ¿para qué haces lo que haces?

Hoy te propongo dos cosas para salir del amor condicionado hacia ti misma:

1. Arriésgate a decir no a algo a lo que antes, automáticamente, habrías dicho que sí.
2. Arriésgate a anteponerte a los demás, incluso si eso significa decepcionar a alguien.

Correr pequeños riesgos produce un profundo cambio interior. Nuestros miedos disminuyen gradualmente y recobramos nuestro sentido del yo interno. Nos volvemos más capaces.

Amor codependiente: rechazo, culpa y manipulación

Según cita el biólogo celular Bruce Lipton en su libro *Biología de la creencia,* los primeros seis años de vida son cruciales en nuestro desarrollo emocional, pues en ellos se conforman las creencias que darán lugar al desarrollo de nuestros patrones de pensamiento.

Se da la circunstancia de que de niñas experimentamos rechazo cada día cuando somos educadas por nuestros mayores, que nos dicen «No hagas esto» o «No hagas lo otro».

Para los mayores, un niño es bueno y le premian cuando hace lo que le dicen y no lo que desea; entonces mamá y papá le quieren. Por el contrario, un niño es malo cuando no hace lo que quieren sus padres, sino lo que él quiere. Y por eso mamá y papá se enfadan con él...

Cuando el niño crece se encuentra con que hay unas «normas de educación» que cumplir. No puede decir que no le gusta un regalo que ha recibido o que la comida que le han preparado sabe mal.

Recuerdo una escena de la película *Todo es mentira* en la que el actor Coque Malla va a comer a casa de sus suegros con la mala suerte de que le preparan el plato que más odia: pisto. La escena es divertidísima, pero encierra una gran tragedia. Para la suegra, si él se come el pisto, significa que es un buen yerno y que quiere a su hija. A la vez él está a punto de vomitar. ¿Qué hacer?

Si eres fiel a lo que quieres hacer, ¿quién te va a querer?, ¿cuántos problemas puedes encontrarte en la vida si no sigues las normas de la buena educación o haces lo que se espera de ti?

Estamos condicionados a ser clones unos de otros y a no poder expresar quiénes somos con libertad, porque si lo hacemos y lo que queremos ser y hacer no coincide con lo que se espera de nosotros, la sociedad (y nuestra pareja es también la sociedad) nos rechazará.

¿Rechazas tú esos aspectos de la personalidad de tu pareja que son diferentes a como tú esperas que sean?

Pretender que el otro sea como tú quieres es tratar de que pierda el contacto con sus propios sentimientos y necesidades. ¿De verdad queremos esto para quien amamos?

Cuando aprendes a poner límites desde tu Ser ante las exigencias de otros egos, estás amando a las personas con las que te relacionas desde el amor hacia ti mismo.

Existe literatura muy buena sobre la comunicación no violenta, que es el acto de expresar lo que se siente, sabiendo que lo que sientes es tu propia responsabilidad y no es culpa de los demás. Y por tanto procesando y depurando la ira que de otro modo proyectaríamos sobre quien nos exige o vulnera un límite que así es percibido por nosotros. Lo veremos con detalle en la tercera parte de esta obra.

Una cuestión de espacio y tiempo

A veces uno de los miembros de la pareja pasa por un período difícil en su vida y necesita alejarse emocionalmente y estar a solas consigo mismo para procesar lo que le ocurre. Esto es muy frecuente en el hombre, aunque también les puede ocurrir a veces a las mujeres.

La mujer, especialmente si es una persona expansiva, puede vivirlo como un rechazo del hombre a compartir con ella su dolor o a abrirse a contar con su apoyo.

> La mujer entiende que su pareja es un apoyo, un sostén en los momentos difíciles. Pero el hombre no comprende por qué ha de cargar a su pareja en el nombre del amor. Para él es más útil tomarse el tiempo de reconectar consigo mismo para fortalecerse ante las adversidades que le presenta la vida.

La mujer puede percibir que el estado de ánimo preocupado, apático, distante o silencioso de su pareja tiene que ver con un alejamiento amoroso e incluso con dudas sobre si quiere o no continuar la relación con ella. En realidad, el hecho de que el hombre se aleje no tiene que ver con ella, sino consigo mismo, con su necesidad de reconexión interior. El hombre que atraviesa una dificultad en su vida no pide ayuda a su pareja, sino que se retira a su cueva para solucionar él solo sus propios problemas.

Al conectar con su miedo al abandono, la mujer se siente rechazada y puede volverse exigente y demandante de atención. Pero el hombre, que pasa por un período personal delicado, no le puede dar la atención y presencia que ella reclama, porque necesita su propio espacio para recuperarse de lo que le está pasando, tenga o no que ver con su relación de pareja.

Esta exigencia es para el hombre una invasión en su intimidad y una falta de respeto a su necesidad de introspección y retiro interior. Y sentirse de este modo lleva a un distanciamiento mayor, así como al resentimiento con la mujer por no permitirle solucionar sus problemas. Y hay otra consecuencia más, que es la pérdida de interés en el contacto físico.

Entonces, la mujer siente un rechazo mayor y demanda más del hombre, incluso utilizando técnicas de manipulación subconscientes para reclamar su atención, como el victimismo o incluso ponerse enferma.

La mujer necesita que el hombre le demuestre su amor, igual que hace ella, que se da de manera natural. Pero la manera de mostrar amor del hombre es permanecer al lado de la mujer, si no la quisiera no estaría con ella. Mientras que la mujer cuenta sus problemas para sentirse mejor y le gusta que el hombre la escuche, el hombre sólo habla de sus preocupaciones cuando quiere que le ayuden, si no es así, busca la solución él solo.

Al hombre, en general, le cuesta reconocer que tiene un problema, ¡por eso la mayoría de los hombres no preguntan cómo se llega a una dirección aunque se hayan perdido! Y lo peor que una mujer puede hacer es desconfiar de que él solo pueda solucionar lo que le pasa, porque entonces el hombre siente que no se le admira. Para el hombre, la admiración es tan importante como para las mujeres sentirnos queridas.

El hombre perfecto que desea tomar distancia expresaría este deseo con claridad a la mujer, explicándole cuáles son sus causas. Pero para ello ha de estar muy bien conectado consigo mismo y saber lo que le pasa, y esto no es sencillo porque no siempre estamos en nuestro centro. Además necesita saber expresar lo que siente y disponer de un ambiente de paz en la pareja que le permita comunicarse con libertad, cosa que muchas veces no ocurre porque las relaciones de codependencia están revestidas de tensión.

Cuando el hombre necesite retirarse la próxima vez a su cueva se sentirá culpable porque sabrá que la mujer sufre cuando él se va. Así que o bien se irá cargando con la culpa hasta que decida irse y dejar la culpa (y a la mujer) en casa; o bien dejará de irse y comenzará a desarrollar un resentimiento que acabe con el enfriamiento de la relación y la separación definitiva de su pareja.

En palabras de John Gray, autor de *Los hombres son de Marte y las mujeres de Venus,* el hombre es como una goma elástica, cuando se separa lo suficiente de la mujer acaba volviendo rápidamente a ella con la energía renovada y como impulsado por un resorte.

Una mujer que ama de verdad reflexiona antes de reaccionar ante el retiro de su pareja a la cueva. Puede que efectivamente él no la quiera y por eso se vaya, entonces nunca volverá. Pero lo que seguro que ocurrirá es que si él se ha ido por otras razones diferentes a estar con ella, como puede ser reconectarse consigo mismo o solucionar cualquier preocupación personal que le aqueje, y ella le rechaza, le hace sentir culpable o le manipula para que no se vaya, quizá vuelva esta primera vez, quizá también la segunda, pero seguro, seguro, que acabará por no volver jamás.

«Si crees que algo te pertenece, déjalo libre.
Si vuelve es que es tuyo,
si no regresa, nunca lo fue».

ANÓNIMO

A veces tenemos expectativas tan elevadas sobre nuestra pareja que no somos capaces de ver todo lo que nos da. Dejar libertad a una persona aun ante la duda de que no vuelva es un grandioso acto de amor, amor hacia el otro y amor hacia ti misma. Y el amor siempre es recompensado con amor, pues lo semejante atrae a lo semejante. De nada sirve querer retener a tu lado a quien no quiere estar junto a ti. No intentes ayudar a un hombre a resolver sus problemas si él no te ha pedido ayuda, incluso aunque sus preocupaciones tengan que ver contigo. Es la mejor manera de que el hombre al que quieres permanezca a tu lado.

Dentro de nuestra piel se esconde una niñita que fue rechazada de pequeña y que aún no ha sanado sus heridas. Cuando nuestra pareja actúa retirándose a su cueva o mostrando una forma de ser que no coincide con nuestras expectativas, sentimos un dolor parecido al que nos producía la falta de aprobación de nuestros mayores cuando, para educarnos, invalidaban las manifestaciones de la personalidad de nuestro yo verdadero.

No es tan grave que tu pareja se muestre distante durante unos días o incluso varios meses. La vida adulta no entiende tanto de inmediatez ni de plazos como la ansiedad y las prisas que tenemos en la juventud. Si eres capaz de tomar distancia y de entender con serenidad que no te enfadas por lo que crees que te estás enfadando, puedes utilizar este momento para crecer como ser humano.

«La vida tiene sus formas de perturbar nuestra "tranquilidad".
Esas perturbaciones siempre son experiencias valiosas,
porque son la forma en que conectamos
con nuestro niño malcriado
y descubrimos esa parte importante de nuestra conciencia
que está afectada por el pasado».

KRISHNANANDA Y AMANA

No es algo tan malo que alguien necesite estar a solas consigo mismo y, por tanto, alejarse de ti. No está indicando que ya no te quiera.

El desequilibrio tan grande que sentimos responde a que la separación activa en nosotras las heridas del rechazo del pasado.

En este punto podemos hacer tres cosas:

1. Recurrir a un comportamiento adictivo, para negar nuestra herida y anestesiar el dolor que emite.
2. Apegarnos tanto a nuestra herida que nos convertimos en víctimas profesionales que manipulan al ser (se supone) amado a través de la culpa, generando una relación de codependencia. Hay parejas que se expresan indirectamente su rabia contenida reteniendo su amor, mostrando una oposición permanente en detalles de la vida cotidiana, criticándose o tratándose con desprecio en público...
3. Ver nuestro dolor, sentirlo y sanarlo, perdonándonos a nosotras mismas y a los demás. Es ahora cuando más que nunca necesitas tratarte como tratarías a una niña pequeña que necesita que se la comprenda y se la ame. Y es maravilloso poder utilizar este momento difícil de tu vida para convertirte, aún más, en una gran mujer.

> *«Sea cual sea nuestra religión,*
> *sabemos que si realmente necesitamos amar*
> *hemos de aprender primero a perdonar,*
> *antes que cualquier otra cosa».*
>
> MADRE TERESA DE CALCUTA

Cuanto más comprendemos esta parte nuestra y más podemos acogerla con amor y compasión, menos control toma de nosotras. Al darnos el tiempo suficiente para sentir el miedo, la recuperación es mucho más rápida. Puedes pedir ayuda a tus guías, porque una vez que estableces el compromiso de sanar tus heridas, la vida te proporcionará continuas oportunidades para recuperarte aprendiendo a aceptarte tal cual eres.

Es muy habitual que la herida de la mujer sea la del abandono, mientras que la del hombre es la de sentirse controlado. Estos dos polos inconscientes se atraen, y de este modo puede establecerse una pareja infeliz y codependiente. Pero la situación que se genera no es más que una reactivación del pasado y la experiencia de estar juntos es lo que nos permite acceder a nuestras heridas, para así poder sentirlas y sanarlas.

«Al cruzar la puerta que me llevaría a mi libertad
supe que si no dejaba mi amargura y mi odio detrás,
aún permanecería en prisión».

NELSON MANDELA

EL ABC DEL AMOR: puntos principales para recordar

- De niñas experimentamos rechazo cada día cuando nuestros mayores nos educan diciéndonos que no hagamos esto o lo otro: estamos condicionadas a no poder expresar quiénes somos con libertad para impedir que nos rechacen.
- A veces uno de los miembros de la pareja pasa por un período difícil en su vida y necesita alejarse emocionalmente y estar a solas consigo mismo para procesar lo que le ocurre. La mujer tiende a pensar que es alejamiento amoroso, conecta con el miedo al abandono, se siente rechazada, se vuelve exigente y demanda atención.
- El hombre que atraviesa una dificultad no pide ayuda, sino que se retira a su cueva para reconectar consigo mismo y solucionar él solo sus problemas. Percibe esta exigencia como una invasión en su intimidad y una falta de respeto a su necesidad de retiro interior. Le lleva a un distanciamiento mayor y al resentimiento.
- La mujer siente miedo y demanda más del hombre, incluso utilizando técnicas de manipulación subconscientes para reclamar su atención, como el victimismo o incluso ponerse enferma.

- Cuando el hombre necesite retirarse la próxima vez se sentirá culpable porque sabe que la mujer sufre; o bien se carga con la culpa hasta que decide irse y dejar la culpa (y a la mujer) en casa; o bien dejará de irse y desarrollará un resentimiento que enfriará la relación hasta la separación definitiva.
- Dar libertad aun ante la duda de la pérdida es un enorme acto de amor hacia el otro y amor hacia ti misma.
- La herida habitual de la mujer es la del abandono, mientras que la del hombre es la de sentirse controlado. Estos dos polos inconscientes se atraen y de este modo puede establecerse una pareja codependiente. Se reactiva el pasado y la experiencia de estar juntos es lo que permite sentir y sanar las heridas.

PASA A LA ACCIÓN: el conocimiento sólo se integra cuando se practica

Para integrar la lectura de este capítulo en tu vida te propongo que respondas en tu cuaderno personal de desarrollo las siguientes preguntas de consciencia:

- ¿Cómo me comporto cuando estoy en una situación en la que me siento insegura?
- ¿Soy capaz de poner límites?
- ¿Aún sigo esperando que alguien me rescate para no sentir mis miedos, mi dolor y mi soledad?
- ¿Me siento digna de tener a mi lado a alguien que me quiera y esté presente para mí?

Si pones toda tu atención en la otra persona, esperando que te aporte la realización que aún no has encontrado en ti misma, acabarás por destruir la relación.

Una vez que aceptas que la soledad puede no desaparecer y te instalas en ella sin luchar, algo se transforma. Entonces el patrón de tus relaciones cambia.

PARTE 2

Rezar: salir del amor ficticio

«No somos nada y lo somos todo».

Josep Pamiés

El espejo de las relaciones

La paz mental se deriva de la manera en que (tú) observas al observador (tú mismo) observando e interpretando su realidad. Esto lo dice Krishnamurti, escritor y orador en materia filosófica y espiritual. Observa la realidad, mira a tu pareja, cómo es, cómo se comporta, cómo interacciona contigo. Y ahora obsérvate a ti observando a tu pareja. ¿Qué sientes?, ¿qué despierta en ti lo que ves?

Ejemplo. Imagínate que ves que cuando tu pareja se compromete con una tarea, la lleva a cabo tal y como la ha planeado. Podría ser ir a nadar todas las mañanas antes de comenzar la jornada. Esto puede despertar en ti diferentes sentimientos:

- Puede despertar admiración, por ver su autodisciplina y compromiso. Se está despertando tu sombra blanca por ver fuera de ti una cualidad que tienes dormida o desarrollada en menor medida que el otro, pero que aunque crees no tener, si no estuviera en ti no podrías verla fuera.
- También podría ocurrir que el que tu pareja vaya a nadar cada mañana despertara en ti un sentimiento de minusvalía, al compararte

con él y ver que tú no eres capaz de salir de la cama tan temprano para hacer algo que suena saludable y beneficioso. Puede ser que de pequeña obtuvieras la validación de tus padres cuando hacías aquello que se suponía que era bueno, y sientas que no mereces que tu pareja te ame porque tú no serías capaz de ir a nadar cada mañana como hace él.

- Puede que incluso te enfade que el otro sea capaz de mantener su disciplina, porque tú no lo haces. Aquello que te molesta más de la persona que está a tu lado es lo que está destapando tu sombra negra.

Te guste o no, todo tiene que ver contigo. Ésta es la famosa ley del espejo en la pareja. La pareja te devuelve una imagen de ti misma si tú la sabes mirar. Y tu amor se desarrolla cuando pones intención en sanar las heridas que tengan su apertura en la observación de la manera en que estás observando.

Lo que más te admira, lo que más te duele, lo que más te enfada, lo que más te desestabiliza, lo que más te aparta de tu centro, todo eso es el regalo. Es lo que tu pareja te da y es tan importante como su amor.

Aunque solemos pensar que ser libre es hacer lo que una quiere, la libertad como ser humano consiste en liberarte de todo ese sufrimiento. Y una vez más, la piedra angular del cambio radica en la aceptación.

EL ABC DEL AMOR: puntos principales para recordar

- Observa la realidad y obsérvate a ti observándola, ¿qué despierta en ti lo que ves?
- Si sientes admiración, una de las manifestaciones del amor, se está despertando tu sombra blanca.
- Si sientes enfado o celos o cualquier otra manifestación del miedo, se está despertando tu sombra negra.
- La ley del espejo dice que todo lo que ves en el otro es un reflejo de lo que hay en ti.

- Tu amor se desarrolla cuando pones intención en sanar las heridas que se abren cuando miras.
- Lo que te molesta de tu pareja es un regalo tan importante como su amor.

PASA A LA ACCIÓN: el conocimiento sólo se integra cuando se practica

Para integrar la lectura de este capítulo en tu vida te propongo que hoy prestes atención a las pequeñas incomodidades del día a día con tu pareja o con las personas que tienes cerca. Esas pequeñas cositas que hacen que tanto nos molestan, porque todo lo que nos molesta de los demás tiene que ver con nosotras mismas.

- Cada vez que alguien te diga algo que te moleste o te duela pregúntate: ¿qué hay de mí aquí? Por ejemplo, si alguien te califica de despistada, perezosa, rígida, fundamentalista, cabezota, cerebral, materialista, torpe o lo que sea que te digan, y te molesta o te duele. ¿Qué hay de mí aquí? ¿Por qué me duele esto que me dicen? ¿Será que hay parte de ello en mí?
- Cuando juzgues el comportamiento de alguien «¡Qué insensible, desconsiderado, manipulador, poco comprometido, egoísta…!», o lo que sea que pienses del otro, pregúntate: ¿hasta qué punto hay algo de mí en esto que pienso? ¿Cuánto de insensible, desconsiderada, manipuladora, poco comprometida, egoísta hay en mí?
- Analiza qué hay detrás de lo que te molesta: ¿por qué te enfadas tanto por cosas que objetivamente son tan insignificantes, qué es eso tan grande que representan para ti y con lo que conectas a través de las pequeñas nimiedades del día a día?

Escribe todos tus descubrimientos en tu cuaderno de crecimiento personal.

- Mañana dedica el día a reconocer tu sombra blanca. ¿Qué es eso que tanto admiras en los demás? ¿Puedes sacar de ti esas mismas cualidades y crecer como mujer? ¿Hasta qué punto estás dispuesta a pagar el precio necesario para desarrollar tus dones, a partir de verlos reflejados en el otro?

Escribe de nuevo todos tus descubrimientos en tu cuaderno personal de crecimiento.

El amor incondicional e independiente

Para mí el mayor reto ha sido aprender qué es el amor incondicional, y por lo tanto independiente.

El amor incondicional se dice que es el amor sin condiciones. Te acepto como eres, sin querer que cambies, ni tú ni lo que haces. El problema llega cuando la pareja no hace lo que tú quieres y no estás segura de si eso que hace es aceptable para ti.

Por ejemplo, el amor incondicional es el amor supremo, pero permanecer al lado de una persona que, por poner un ejemplo extremo no personal, llega incluso a pegarte, no es muy buena idea, aunque lo hagas en nombre del amor.

¿Por qué? Pues porque el amor incondicional hacia los demás se nutre del amor incondicional hacia ti misma, y si no te amas, cualquier forma de amor incondicional no será real, sino que será una forma de codependencia.

Por ejemplo, puedes mantener una relación codependiente con alguien que te pega, pero piensas que es amor, quizá piensas que el amor es aguantar; o puedes estar al lado de alguien que sabes que te miente, pensando que estás con él por amor, aunque puede que si escarbas encuentres debajo la creencia de que no te sientes merecedora de amor del bueno.

También puedes estar al lado de una persona que no se compromete con la relación, y eso puede responder a que tengas miedo de recibir amor, porque si recibes amor, ¿qué puede pasar? Muy sencillo, que un día dejes de recibirlo. Y tu miedo al abandono o a la traición es tan grande que te anticipas y te cierras al amor antes de que eso pueda ocurrir. O puede que no recibas compromiso porque tú no estés comprometida contigo misma; o fidelidad, porque tú no te eres fiel.

Sin embargo, amar a quien te quiere es muy sencillo, pero el verdadero amor se extiende también hacia quien no te quiere.

> Querer a quien te quiere puede ser amor condicionado, sólo lo podrás saber viendo cómo reaccionas si la otra persona deja de quererte y deja de cumplirse esa condición de reciprocidad sentimental.

Quizá permanezcas al lado de quien no te quiere porque te has acostumbrado a vivir sin amor y, aunque te manejes bien en esa situación, en realidad no se deriva del amor incondicional, sino del apego o del miedo al cambio.

¿Cómo saber si estás actuando desde el amor incondicional, desde tu propia historia de miedo al abandono o desde la creencia de que no mereces amor?

Antes de responder la pregunta, recuérdate quién eres. Si sabes que eres amor, no sientes que te falte amor.

Todo lo que ocurre fuera de nosotras es una manifestación de nuestra realidad interior. Si tú sabes que eres Dios, porque Dios es amor, entonces no manifestarás abusos ni faltas de respeto a tu alrededor, porque gozarás de una firmeza y un amor propio que no atraerá ese comportamiento del otro hacia ti.

Si sabes que eres amor no te explicas la vida, eso lo hace el ego. Si tienes prisa por aclararte y saber si estás aceptando un comportamiento en el otro que es inaceptable, también se trata del ego, no es el espíritu. El alma no entiende de prisas ni de tiempos. Las personas espirituales toman decisiones espirituales de las que el ego no entiende. Toman muchas decisiones, pero lo hacen desde un lugar de amor propio e incondicional hacia todos los demás. Te plantean que no pueden aceptar una situación determinada por su propio amor, no es algo en tu contra, sino a favor de sí mismas.

No tengas prisa en tomar una decisión. Si tienes prisa, tómate una hora, si tienes mucha prisa, tómate dos, que diría un budista. Lo que sí que tienes que tener presente es que tu mundo es un reflejo de tu ser, y cambia cuando cambias tú. Las personas se relacionan contigo de otra manera, y si tienes que poner límites, no te dirás a ti misma, «Tengo que poner límites», sino que los pondrás, cuando llegue el momento, de manera espontánea y natural, sin miedo y sin agresividad: «No quiero aceptar esto».

No busques solucionar una situación. Busca amarte más. Recordarte quién eres. Eres Dios, eres amor, eres el espíritu en un mundo que parece material. Un mundo dentro del que se puede estar bien aunque las cosas no marchen bien.

Quizá no tienes pareja, quizá no te van bien las finanzas, pero tú puedes estar bien. Puedes estar en paz y alegre. Porque confías en que Dios, que eres tú misma, tu sabiduría, te lleva de la mano. Si buscas solucionar una situación, te enfocas en el mundo de los efectos, pero todas las situaciones tienen una causa, y es en la causa donde debes incidir.

> El origen de todos los problemas se encuentra en la mente que enfoca la vida sin amor.

Amándote más a ti misma tomarás decisiones con amor. Como decía el científico Albert Einstein, nada puede resolverse en el mismo nivel de consciencia en que se creó. Los problemas son del ego y el ego no los puede resolver. Quizá encuentra una solución para hoy, pero esta misma solución mañana dejará de serlo. Seguirás teniendo el mismo problema u otro similar. Sabrás que es una solución del ego porque no conseguirás mantener la paz que se derivaría de una decisión tomada por el espíritu.

Ten paciencia y pide ayuda a tu verdadero ser. Él te guiará y podrás encontrar el camino de la paz. Ése es el camino que te llevará a tomar la decisión correcta. Pon tu alma a trabajar, que ella está deseando recibir tus encargos.

—«Ya, pero es que esta persona *objetivamente* me ha tratado mal», objetarás tú.

Si esto es así, de verdad, cosa que te sugiero que revises por si el ego te impide ver la realidad, entonces yo te pregunto, ¿quieres aprender a amar y no vas a aprovechar la oportunidad de amar a quien te lo pone difícil?, ¿de verdad me estás diciendo que quieres amar pero excluyes a tus enemigos? Como en los libros de *Elige tu propia aventura*: si respondes afirmativamente, en este caso regresa al inicio de la parte 1 en la página 17.

> *«En la actualidad es frecuente que muchas parejas*
> *acaben su recorrido porque dejan de satisfacer al individuo*
> *y porque, ante situaciones difíciles y estresantes,*
> *sus miembros se inclinan hacia el yo*
> *y hacia su propio camino personal».*
>
> JOAN GARRIGA

—«Ya, pero es que las relaciones son un toma y daca –seguirás objetando–. No hemos venido a la vida a buscar más sufrimiento del que ya nos viene dado».

El amor incondicional es dar. Aún diría más: es darse; si esperas recibir, estamos hablando de un amor condicionado. Y sólo puedes dar cuando amas. Ésta es la paradoja del amor. Porque cuando no amas, parece que das, pero no das, sino que manipulas para recibir.

—«Sí, pero es que el amor incondicional es sólo el de una madre por su hijo», seguirá objetando tu ego.

Si quieres vivir el amor condicionado en la pareja, hazlo. Está bien, es tu elección. Pero, en esa expectativa de recibir, no podrás más que recibir lo mismo que has dado, es decir, amor condicionado.

Si vives el amor incondicional, recibirás el mayor de los regalos sólo por el hecho de darlo, y este regalo es la paz de tu espíritu. Es posible que, además, tu pareja te devuelva amor auténtico, luego como mínimo recibes una retribución a tu amor, pero es bastante posible que recibas más de una.

«Ser amado es la segunda mejor cosa del mundo,
amar es la primera».

RAIMON SAMSÓ

El amor incondicional sí pone límites. No todo vale en nombre del amor incondicional porque esta clase de amor comienza por uno mismo. Sé que es un tópico, pero es la realidad. Necesitas reconocerte, reverenciarte y respetarte profundamente para estar en disposición de comprender y aceptar al otro, para poderle amar.

Según apunta el campesino Josep Pamiés, comprometido con la agricultura ecológica y autor de *Una dulce revolución,* «No somos nada y lo somos todo». Recuerda que tú lo eres todo, por eso mereces todo tu amor, el amor infinito e incondicional, aunque yerres, aunque seas el desastre más absoluto ante los ojos de tu ego, porque como dice el psicólogo transpersonal Jorge Lomar, aquello que hiciste «no pudo ser de otra manera» para que ahora estés en disposición de recibir el estado de gracia que mana de saberse una minúscula pieza infinita del puzle divino.

> El amor incondicional es mucho más que dar sin esperar nada a cambio. Es dar para beneficio del otro, aunque te parezca que duele.

Recuerdo de pequeña, cuando mi abuela Paquita, en su lecho de muerte, le decía a mi madre que no quería que yo fuera a verla.

—No, que Ana no venga.

—Pero ¿por qué? –le preguntaba mi madre.

Y ella decía:

—Porque sufre mucho.

Mi abuela me quería tanto que prefería no verme y no poderse despedir de mí antes de que yo sufriera por verla muriéndose. Éste es el amor auténtico, el amor verdaderamente incondicional.

En palabras de la Madre Teresa de Calcuta:

Hemos sido creados para amar y ser amados. La paz y la guerra comienzan en casa. Es fácil amar a quienes están lejos, pero no siempre es fácil amar a quienes tenemos cerca. De igual modo es mucho más sencillo contribuir a alguna causa con un donativo económico antes que consolar a una persona de nuestra misma casa que no se siente amada. No importa cuánto damos, lo que importa es cuánto amor ponemos en lo que damos. El amor debe inducirnos a ser serviciales y a sacar el foco de nosotros mismos para ponerlo en las necesidades de los demás, teniendo la valentía de aceptarnos mutuamente y con paciencia tal y como somos. Todo depende de las palabras «quiero» o «no quiero». Miramos, pero no vemos, y no nos damos cuenta de que estamos de paso por este mundo. Para amar a alguien hemos de acercarnos a él convirtiéndonos en verdaderos hechos de amor.

EL ABC DEL AMOR: puntos principales para recordar

- El amor incondicional hacia los demás se nutre del amor incondicional hacia ti misma. Por eso no significa permanencia en todos los casos.
- Querer a quien te quiere puede ser amor condicionado. Sólo lo podrás saber viendo cómo reaccionas si la otra persona deja de quererte y deja de cumplirse esa condición de reciprocidad sentimental.
- El amor incondicional es darse para beneficio del otro; si esperas recibir, estamos hablando de un amor condicionado. Cuando no amas, parece que das, pero no das, sino que manipulas para recibir.
- Si vives el amor condicionado en la pareja, recibirás amor condicionado de vuelta.
- Si vives el amor incondicional, recibirás la paz de tu espíritu.

PASA A LA ACCIÓN: el conocimiento sólo se integra cuando se practica

Para integrar la lectura de este capítulo en tu vida te propongo un ejercicio para aprender a amarte incondicionalmente a ti misma. No puedes amar a nadie incondicionalmente si no te amas así a ti.

Cuando odiamos a los demás, el odio es hacia nosotras mismas, porque nos vemos reflejadas en el otro.

Toma tu cuaderno personal de desarrollo espiritual y anota la respuesta a la siguiente pregunta:

¿Qué me molesta de quienes tengo más cerca?

Ejemplo. Me molesta de alguien que esté delgada/gorda (las mujeres siempre nos vemos delgadas o gordas), que tenga el pelo largo, que tenga un novio encantador, que trabaje poco y gane mucho dinero…

Ahora, escribe qué piensas de cada una de las respuestas que has dado.

¿Qué pienso de estar delgada/gorda?

¿Qué pienso de tener el pelo largo?

¿Qué pienso de tener un novio encantador?

¿Qué pienso de trabajar poco y ganar mucho dinero…?

Esta lluvia de ideas te ayudará a sacar tus creencias. Podrás darte cuenta de si tienes más creencias negativas que positivas sobre cada tema y, lo que es más interesante, podrás dar la vuelta a las creencias negativas y convertirlas en positivas.

Por ejemplo:

Lo que creo:

—Pienso que estar delgada facilita que toda la ropa te quede bien, hace que las otras chicas te envidien y te critiquen a tus espaldas, y además me puede hacer volver muy vanidosa.

Mis creencias mejoradas:

—Pienso que estar delgada facilita que toda la ropa te quede bien, inspira que las otras chicas mantengan su peso ideal, y además me puede ayudar a sentirme mejor conmigo misma.

Anota tus creencias mejoradas sobre cada tema en una hoja titulada «Las creencias del amor incondicional hacia mí misma» y léelas cada día hasta que las integres de verdad en tu vida, por la mañana al despertar y por la noche antes de dormir.

*Las relaciones mismas
no son la causa del dolor y de la infelicidad,
sino que sacan a la superficie
el dolor y la infelicidad que ya están en ti».*

ECKHART TOLLE

Nunca nos enfadamos por lo que creemos

Cuando vivimos la vida sin consciencia, nos protegemos de sentir frustraciones. Como nos resistimos a ellas, son muy dolorosas. Nos pasamos la vida compensando el dolor. Nos anestesiamos con adicciones o llenando nuestro tiempo de actividades porque la simple idea de quedarnos a solas con nosotras mismas nos da pánico.

Tendemos a pensar que las relaciones de pareja no funcionan por culpa del otro. Incluso si la otra persona es muy bondadosa y amable, pensarás «Si no fuera tan bueno, quizá me atraería más»; o por ejemplo, si la otra persona tiene mal carácter, dirás que es insoportable, pero nunca te pararás a pensar desde la ley del espejo qué hay en ti que saca ese mal carácter o esa excesiva bondad en el otro.

Así que te enfadas, te enfadas mucho. Buscas motivos para enfadarte y los encuentras. Quizá descubres que esa persona no te ha contado algo que para ti era muy importante conocer; quizá te molesta que la otra persona te jurara amor eterno y que ahora tenga dudas; quizá te molesta que el otro le dé importancia a cosas que para ti no la tienen…

Pero, ¿te has parado a pensar si la otra persona quería mantener en su intimidad aquello que no te contó, o simplemente no le dio importancia? ¿Has pensado en que sus dudas actuales pueden derivarse de un comportamiento tuyo que antes no tenías? O ¿has pensado que cada uno tiene sus propios valores y cosas a las que da importancia?

A menudo creemos que no queremos cambiar a los demás y sin embargo queremos que esa persona revele los detalles de su intimidad que nos son importantes, que nunca tenga dudas aunque cambiemos y que le dé valor a lo mismo a lo que nosotras se lo damos. Es decir, que sea diferente a como es.

Y si no es como quieres que sea, ¿qué haces? ¡Te enfadas! Te enfadas porque no te ha tenido en consideración, porque no ha cumplido su palabra o porque no te ha entendido…

Ese enfado es un «¡Oye, que quiero que seas como yo quiero!».

El enfado sólo puede sanarse con comprensión y aceptación. Comprendo que existe otro (muchos) punto de vista aunque el tuyo no sea el mío, y además acepto (no es que me resigne, sino que lo apruebo) que seas diferente a mí. Siempre se puede estar de acuerdo en no estar de acuerdo.

¡Vaya! ¡Qué liberación y qué paz aceptar y permitir que el otro sea de otra manera!

El enfado no tiene sentido. Además, como dice Jorge Lomar, la culpa no existe. La culpa nace de la falta de aceptación de la realidad. La realidad no puede ser de otra manera a como es porque todo está perfectamente diseñado para tu aprendizaje. Las vivencias llegan en el momento justo y todo está organizado perfectamente por la Vida. Sin embargo nos creemos más listos que la Vida, queremos saltarnos pasos y dejar de vivir algunas experiencias, y en ese empeño nacen el odio y la culpa.

Como dice el maestro espiritual indio Osho, grábate este mantra en la mente: «Nunca el otro es culpable». Nos han educado para evitar el sufrimiento, para defendernos de los demás. Nuestro ego nos anima a atacar a quien nos hace daño. Lo que no nos hemos planteado nunca es que el sufrimiento, que –como dice el autor y motivador del cambio personal Sergio Fernández– es una droga dura, es también una elección personal.

Siempre que quiera cambiar la realidad, sufriré.

Siempre que no acepte al otro, sufriré.

Siempre que quiera recorrer otro camino diferente al que la vida me trae, sufriré.

Siempre que quiera saltarme pasos en mi evolución, sufriré.

Siempre que piense que el otro me hace algo a mí en lugar de pensar que se lo hace a sí mismo, pero que a la vez yo soy responsable de lo que recibo del otro, sufriré.

Pero todo esto tienes que comprenderlo con el corazón. La comprensión mental no cambia nada, porque sigues siendo la misma persona que eras antes, sólo que te dices a ti misma estas bonitas palabras. La comprensión del corazón se adquiere por gracia divina. Es un estado del ser. Sabes todo esto, no necesitas contártelo para entenderlo.

> Siempre que te sientas sola en el mundo en lugar de saber que formas parte de un engranaje, que eres una pieza más y a la vez tan importante y necesaria en el puzle…, no podrás más que sufrir.

Si profundizas en el enfado, te das cuenta de que es un enfado desproporcionado. Los demás son libres de tener sus propias opiniones de ti e incluso puede que detrás de su comentario hubiera una buena intención. Realmente puede que no haya motivo para enfadarse, sino al revés, para agradecérselo. Sin embargo, estás muy dolida y enfadada.

¿Qué herida se ha abierto en ti? Puede haber emergido a la superficie la necesidad de aprobación, por ejemplo, algo que todas llevamos dentro en mayor o menor medida. Esa necesidad enorme de ser validadas porque nuestros padres nos educaron a base de validaciones. Nos premiaban con amor cuando éramos buenas, ¿te acuerdas? Y nosotras hemos aprendido a identificar el premio del amor con la validación.

Entonces, cuando alguien no te aprueba desata en ti el miedo terrorífico de no ser querida. Te enfadas porque ha introducido el dedo en una herida que creías que no tenías, bien porque no le prestabas atención o porque la llevabas tapada. Pero no es su dedo lo que te duele: lo que te duele es tu herida.

El ego identifica culpables y no puedes mirar a esta persona con los ojos del amor. ¡Ella te ha hecho daño!

La realidad es que ese dolor que sientes es tuyo. La otra persona sólo lo ha activado para ayudarte a sanarlo. Por eso las relaciones son vehículos de crecimiento. Siendo consciente de la realidad de por qué te enfadas y sientes dolor, que es el miedo a que no te quieran, puedes dirigir una buena dosis de amor y comprensión hacia tu corazón, sentir ese dolor con compasión y llorar.

Pero este llanto no es por la decepción que te produjo lo que dijeron de ti, no tiene nada que ver. Este llanto es la expresión del dolor soterrado dentro de tu corazón, que brota y se va liberando.

—«¡Tengo miedo a no ser querida! ¡Esto es lo que me pasa! No se trata de que a alguien le parezca bien o mal lo que he hecho, se trata de algo mucho más profundo como es el miedo a que no me quieran y me abandonen».

Sentir el dolor de la soledad, de la inadecuación, de la infelicidad que llevas dentro es la llave para disolverlo. Pararse a estar a solas y a observar lo que sientes te conecta con el momento presente y libera tu dolor, se disipa, te hace serenarte y estar en paz; de nuevo, en el amor.

> Sólo puedes liberar el dolor cuando lo sientes, y para sentirlo necesitas estar en soledad en el entorno seguro del amor que tú misma te das. Ése es el amor que te permite saciar el hambre tan grande que tienes de amor.

Recuerdo una tarde que estaba tan enfadada que me dolía el hígado, que es el órgano del cuerpo donde somatizamos la ira. Llevaba enfadada todo el día y no podía más. Por supuesto, había un culpable, un responsable de mi enfado. ¿Y quién era? ¡Bingo! ¡Mi pareja! Seguro que si me hubieran tomado la tensión arterial, la habría tenido por las nubes…, pero no sabía de qué modo canalizar toda mi rabia. Comprometida en mi proceso de sanación, quería sentir, adentrarme y pasar por todas las emociones hasta el fondo de ellas, para poderlas comprender y liberar. Pero era tan doloroso que me sentí al límite.

En ese momento, me acordé de que formo parte de un Todo mucho mayor que yo, que no estoy sola, sino que mi Padre en las estrellas me guía, me cuida y me acompaña cada día para que pueda seguir cumpliendo con mi función como una pieza más a la vez imprescindible de ese puzle.

Y pedí ayuda: «Muéstrame el camino».

En menos de dos minutos llegó la comprensión y pasé de estar encendida a derramar dulzura. Si tú quieres aprender a amar, sé comprensiva con el otro, pero no desde la lástima –«¡Ay, se ha equivocado!»–, eso es ego, eso es un «Tú estás equivocado y te perdono». ¡Pero no hay nada que perdonar porque no hay culpa! Nadie hace más que lo que puede hacer en cada momento según el orden divino. Esto es a lo que me refiero cuando digo que todo es perfecto tal y como es.

¡Cuántas cumbres hemos escalado gracias a que la realidad ha sido diferente a como la esperábamos!

Para sanar el enfado, aprende a aceptar y hazlo desde el amor. Hazlo desde el respeto profundo al ser, desde la humildad y el sincero reconocimiento de que hay muchas maneras de pensar, de sentir, de actuar, de vivir. Y además date cuenta de que la aceptación te libera del sufrimiento. Sufrimos porque queremos que el otro cambie, sufrimos porque no aceptamos. Por eso nos enfadamos y literalmente nos damos con la cabeza contra un duro muro de piedra. Una y otra vez, en nuestra lucha por hacer algo que nos lleve a la solución de nuestros problemas.

> Si comprendes esto, tu próximo enfado durará un máximo de media hora. Y poco a poco, llegarás a no enfadarte ni sentir ira en ningún momento. No porque no debas sentir ira, que es de niñas malas, no; dejarás de sentir ira porque ya no será necesaria, porque ya no necesitas que los demás sean otra cosa y porque identificarás cuál es realmente la verdadera causa de tu enfado.

Como te digo, la comprensión debe ser emocional y no intelectual. La comprensión mental no producirá estos efectos, y lo sé porque me he pasado años de mi vida en el estado de comprensión mental. Años de sufrimiento porque no era capaz de comprender con el corazón. La comprensión del corazón llegó a mí porque la pedí sin ego. Y entonces, una noche, sentí que mi corazón irradiaba, al fin, la luz del amor.

Nos olvidamos de que somos amor. Y la vida sólo funciona si amas poniendo consciencia en este momento presente. El ego cree que la vida consiste en conseguir alcanzar determinadas metas para protegerte y para destacar de entre los demás. Pero la vida consiste en amar con serenidad lo que es, no en competir ni en protegerse. El amor es lo único que puede darte paz.

Cuando pones amor en tus interacciones con las personas que te rodean, verás que todas ellas te devuelven amor. Nadie puede permanecer impasible ante el amor.

En el Máster en Cocina Vegetariana 70 % Cruda que dirijo en la Escuela de Cocina Ana Moreno, los profesores y el *staff* estamos permanentemente enfocados en amar a cada alumno. No se trata de impartir una enseñanza, se trata de atender las necesidades de los seres humanos que tenemos delante, sin prisas, dándonos a través del servicio. Se puede comprobar cómo los alumnos finalizan sus estudios transformados y tocados por la varita mágica del amor. Incluso la manera de hablar y las palabras que usan cambian desde el primer día que llegan a la escuela al último día, cuando se van. El amor es contagioso y nos transmuta.

EL ABC DEL AMOR: puntos principales para recordar
- Las relaciones mismas no son la causa del dolor y de la infelicidad, sino que sacan lo que ya está en ti.
- Sentir el dolor de la soledad, de la inadecuación, de la infelicidad que llevas dentro es la llave para disolverlo.
- Cuando pones amor en tus interacciones con los demás verás que te devuelven amor. Nadie puede permanecer impasible ante el amor.

PASA A LA ACCIÓN: el conocimiento sólo se integra cuando se practica
Para integrar la lectura de este capítulo en tu vida te propongo que pienses en una persona con quien estés enfadada. Alguien con quien tengas algún asunto pendiente.

Escribe en tu cuaderno personal de desarrollo el motivo de tu enfado.

Ahora, hazte la siguiente pregunta:

¿Realmente estoy enfadada por lo que creo que estoy enfadada?

Bucea en el enfado y conecta con la herida que se ha abierto.

¿Por qué me ha molestado tanto esto?

¿No es quizá un enfado desproporcionado?

¿Puedo estar responsabilizando de mi propia herida a una persona que únicamente es responsable de haberla abierto?

¿No será que en realidad estoy enfadada porque he conectado con un gran dolor antiguo, de cuando era niña, como que no se me tuviera en cuenta, que no se me respetara, que no se contara conmigo, que me mintieran, que me manipularan o me hicieran sentir culpable?

¿No será que detrás de todo esto lo que tengo es un enorme miedo al rechazo, al abandono, a la inadecuación, a la traición?

Cuando conectes con tu verdadera herida, entonces estarás en disposición de sentir ese dolor. Así podrás liberarlo y liberar el enfado con esa persona que realmente no es responsable de que sientas algo tan desproporcionado.

Es normal que nos gusten más unas personas que otras, que disfrutemos más en compañía de algunas mientras que con otras no nos sintamos tan a gusto; sin embargo, no tiene sentido guardar rencor o malos sentimientos hacia nadie, al fin y al cabo, nunca nos enfadamos por lo que creemos enfadarnos.

Cómo amarte a ti misma

Un día, mientras pasaba consulta de asesoramiento nutricional, una clienta mía rompió a llorar.

El motivo fue que me estaba contando que llevaba tiempo cuidando su alimentación, y uno de los mayores problemas que se había encontrado era comer en restaurantes. Leía y releía la carta del restaurante descartando platos: «Eso no», «Esto tampoco», y al final se quedaba sin opciones. Estaba realmente desmotivada con lo que ella llamaba «alimentación consciente», porque además en su vida anterior había disfrutado mucho de las salidas a comer o cenar con su marido o su familia.

Noté un estado de agitación interior contenida, algo así como el agua que hierve y está a punto de salirse del calentador de agua donde preparamos un té... Así que, para destapar la presión, con serenidad y amor la miré a los ojos y le pregunté: «Eso que tú sigues ahora... ¿es alimentación consciente o carcelaria?». Y fue en ese punto donde esta preciosa mujer se derrumbó en lágrimas.

¿Te ha pasado alguna vez que quieres cuidarte pero te da la sensación de que el mundo entero está en tu contra? ¿Tus amistades, tu familia, los planes que se proponen, las tradiciones o las ofertas en los restaurantes, cafeterías parecen ir en contra del ideal de buena salud que tú quieres seguir?

¿Te gustaría poder realizar elecciones dietéticas o de estilo de vida saludable desde la paz, sin tener que luchar contra el mundo ni acabar cayendo en el desánimo?

La clave de esto que te pasa reside en el lugar desde el que haces las elecciones para tu vida. La causa de lo que te pasa no está en los demás, ni en tu familia, ni en los amigos que tienes, ni en las empresas, ni en el mundo; la clave está en hacer tus elecciones porque de verdad quieres y no porque te obligas a hacerlas.

Si te niegas continuamente lo que de verdad quieres no puedes estar feliz. Se trata de que cambies lo que quieres, pero de verdad, no porque piensas que es mejor para ti, sino porque realmente deseas algo diferente.

Pero, ¿cómo puedes querer algo diferente a lo que quieres?

Sabemos 2 cosas:

1. **Lo que pensamos afecta a nuestro cuerpo.**

Por ejemplo, si sientes miedo al cruzar una calle atestada de tráfico, toda la sangre de tu organismo se va a tus extremidades, para dotarte de agilidad y evitar que te atropelle un coche. Te aumentarán las pulsaciones y tendrás el cuerpo rígido. Tal vez incluso te quedes paralizada.

También te aumentan las pulsaciones cuando te enfadas, incluso te enrojeces; como con la timidez, que te pones colorada.

Y cuando te sientes querida y protegida al recibir un abrazo, ahhh, cuando te dan un abrazo… te relajas, se aflojan tus músculos y disminuyen las pulsaciones de tu corazón. Quizá hasta se te dilaten las pupilas.

Luego lo que pensamos afecta a nuestro estado físico.

2. **El cuerpo se defiende de los ataques externos.**

La segunda cosa que sabemos es que el cuerpo se defiende de los agentes nocivos del exterior, como virus o bacterias, que tratan de dañar nuestra ecología para su propio beneficio. Y para ello se sirve del sistema inmune.

Ahora bien, si los pensamientos que tenemos hacia nosotras mismas son nocivos y dañan nuestra propia ecología, pues hemos visto que lo que pensamos afecta a nuestro cuerpo, ¿qué ocurrirá?

Pues que el cuerpo también se defenderá de ellos.

Pero los pensamientos tóxicos están en nuestra mente, que forma parte de nuestro propio cuerpo, así que… ¿contra quién se defenderá el cuerpo? ¡Contra ti misma! Y éste es el origen de las enfermedades autoinmunes.

¿De qué pensamientos nocivos hablamos? De ninguno que no conozcas, de pensamientos tan habituales como los que se tienen cuando te levantas por la mañana, te miras al espejo y piensas:

- Vaya mala cara…
- ¡Qué pelos!…
- ¡Qué ojeras!…
- ¡Tienes los ojos hinchados!...

O cuando al vestirte para ir a trabajar comienzas a meterte prisa «¡Que llegas tarde!», o te vistes y te dices «¡Qué mal te queda este pantalón, se te ven los michelines!».

Y luego están las creencias, que emergen a la luz en respuesta a las vivencias del día a día, como:

- Nunca podré conseguir un trabajo mejor…
- No sirvo para nada…
- Nadie me quiere…
- Parece que no existo, a nadie le importo…
- No se puede confiar en nadie, etc…

Éste es el origen de las enfermedades autoinmunes en las que el cuerpo se ataca a sí mismo.

Vamos ahora a retomar el tema de la alimentación «consciente». Me colocaré frente a la carta de un restaurante y seguiré pensando: «No como esto porque engorda, porque no es sano, porque me salen granos, porque el azúcar es malo, etc.».

Llevaré una «alimentación carcelaria» y no «consciente», basada en pensamientos negativos que son de ataque aunque estén disfrazados de pensamientos de consciencia.

Pero puedo llegar al mismo destino, es decir a elegir los alimentos que como, y esto es válido para todas las elecciones que hacemos en nuestra vida, no sólo para alimentarnos, pero eligiendo desde la verdadera consciencia de amor hacia mí misma, y no desde la cárcel.

¿Cómo se hace?

Cambiando lo que pensamos.

> Cambiando lo que pienso puedo elegir desde la verdadera consciencia de amor hacia mí misma, y no desde la cárcel.

Un pensamiento no es más que un pensamiento y, por tanto, se puede cambiar.

¿Y en qué te propongo que pienses?

En el ser tan maravilloso que eres. Que pienses en todo lo que vales y te trates con amor.

Por ejemplo:

- Cuando pases por un espejo y te veas reflejada, dite «¡Guapa! *¡Top model!* ¡Me encantas! ¡Eres una estrellita mágica!». A mí me gusta decirme «Eres una brisa de aire fresco saludable». Esto me lo dijo una vez un suscriptor de mi blog «Flexivegetarianos» y me gustó tanto que me lo digo también a mí misma cada día.
- Si te das cuenta de que estás con prisas porque vas a llegar tarde, dite: «Todo está bien, tranquila, estoy a salvo». Y si ves que ya llegas tarde, haz una llamada y avisa. ¡Son cosas que pasan, no es el fin del mundo!
- Si no te gusta tu trabajo, dite: «Bendigo este trabajo con amor y lo dejo marchar. Merezco el trabajo que me gusta».
- Y cuando estés ante la carta del restaurante o ante cualquier elección dietética di: «Elijo comer alimentos saludables porque merezco sentirme bien en mi piel, porque soy muy bonita, y a los seres bonitos se les alimenta con los alimentos más naturales, frescos y nutritivos.

Puede ser que no seas capaz de hablarte con amor o que te sientas ridícula. En ese caso, te puedes decir a ti misma: «Estoy a salvo, la existencia me ama, me abro al amor y a la aceptación de mí misma. Merezco lo mejor y lo acepto».

Recordando siempre que lo importante no es que te lo digas, lo importante es que lo sientas.

La escritora y oradora estadounidense, Louise Hay, considerada una de las figuras más representativas del movimiento del Nuevo Pensamiento y una precursora de los libros de autoayuda, suele recomendar que «si algo no crece, no lo comas». Yo predico el vegetarianismo y matizaría esta afirmación con «si algo no crece o si es animal, no lo comas». Cada uno decide.

En lo que ya en el siglo XXI estamos de acuerdo casi todos los profesionales que contemplamos la salud desde la conexión con la naturaleza y con uno mismo, es en que existen varios venenos que sería bueno excluir de nuestra dieta, o al menos minimizar su consumo. A continuación cito los *top* 10:

1. Azúcar, en todas sus formas. Hay azúcar escondida en los zumos, las bebidas carbonatadas, las salsas de supermercado, los cereales de desayuno…

2. Los lácteos y derivados, como el queso, la nata, los helados (que también llevan azúcar), el yogur o la mantequilla.

3. El gluten, que es una molécula proteica que se encuentra en algunos cereales responsable de muchas dolencias de índole inflamatoria, como el asma, la sinusitis, la artritis, la inflamación y los dolores menstruales, en los que también juega un papel importante el consumo de lácteos.

4. Las bebidas carbonatadas, que suelen llevar colorantes químicos y edulcorantes artificiales. El pilar de la salud no es engañar al cuerpo.

5. Los aceites hidrogenados, como en la margarina, la bollería y las galletas, que son responsables de generar colesterol. Según la pre-

sentación que hace en YouTube la doctora Mary Enig, sobre las grasas saturadas y trans, también contribuyen a causar hambre, ansiedad por comer y obesidad.

6. Los alimentos refinados, que en general suelen ser cereales con gluten, como el trigo, que además producen desequilibrios en el azúcar en sangre, generando fluctuaciones en nuestro estado de ánimo, cambios de humor y de energía.

7. Las salsas de supermercado, que suelen llevar azúcar, lácteos, gluten, aceite hidrogenado y muchas veces potenciadores de sabor, colorantes y conservantes.

8. Los alimentos fritos, porque han perdido toda su capacidad nutritiva, elevan bruscamente el nivel de glucemia en sangre y además aportan una gran cantidad de grasa nociva.

9. La comida rápida o comida basura, que es una mezcla de todo lo anterior, que está preparada con ingredientes de baja calidad y además no lleva nada de amor.

10. El alcohol, el café y, por supuesto, el tabaco (si aún fumas a estas alturas, aunque sea tabaco «de liar», estás manifestando muy poco amor hacia ti misma; hoy en día existe consenso en cuanto a los enormes inconvenientes que la ausencia de oxígeno causa en nuestra salud).

Ahora bien, incluso después de decir esto, has de saber que puedes comer en cualquier sitio. Escruta el menú y haz tus elecciones conscientes, no las carcelarias. Elige el camino más sencillo, hazte la vida más fácil.

Es normal que si comes fuera de casa no puedas alimentarte «tan perfectamente» como podrías hacerlo en casa. Puedes ir sorteando el reto y elegir la mejor opción de entre las disponibles, o ninguna, como tú decidas, siempre estará bien; pero hacerlo desde la alegría de saber que optas por uno u otro plato desde la abundancia, desde el «yo elijo». No te estás negando ni prohibiendo nada, todo lo contrario, estás dándote la vida plena que mereces.

Tu elección ahora llevará debajo el amor, no el estrés; y ésta es la clave para elegir. No se trata de una imposición, sino de un merecimiento.

Y yo, en cuanto a comida, sé que me merezco comer sólo aquello que crece (en mi caso, elijo no comer animales aunque crezcan), que sea ecológico, local, de la estación, crudo o suavemente cocinado, germinado, integral...

Todo esto de cambiar mis pensamientos te lo cuento por experiencia propia. Ha sido el único modo en que he conseguido no comer queso ni gluten de manera consistente, sin desarrollar ansias y sin sentirme una desgraciada.

Mi relación con el queso ha sido siempre muy complicada, porque por un lado es una comida emocional, ya que mi abuelo era quesero, pero por otro lado el confort emocional que recibía al comerlo quedaba rápidamente reemplazado por la culpa que sentía por apoyar con mi elección alimentaria el abuso al que están sometidas las pobres vacas lecheras, encerradas en un establo, a quienes se les arrebata su recién nacido ternero y se las mantiene preñadas artificialmente para que sigan dando leche para los humanos, enganchadas de manera permanente a la máquina ordeñadora.

Mis pensamientos han generado acciones que mi fuerza de voluntad o autocontrol no eran capaces de conseguir.

En los pensamientos de amor hacia una misma reside la habilidad para vencer las tentaciones que te alejan de tus objetivos.

Imagínate si a una niña que está aprendiendo a andar su padre le dijera:

—«¿Ves? ¡Ya te has caído otra vez! Mira, mejor ni lo intentes, no lo vas a conseguir. Y, aunque lo consiguieras… ¿a quién le importa?».

¡Qué horror!, ¿verdad? Sin embargo imagina cómo se sentiría esta niña si su padre la anima y le dice:

—«En la vida todo llega a su debido momento. Tranquila, sigue en ello, todo está bien. ¡Te queremos!».

¿Quieres convertirte en tu propio equipo de *cheerleaders?* ¡Puedes hacerlo! Recuerda que los pensamientos sólo son pensamientos. ¡Es muy sencillo cambiarlos! Sólo se trata de prestarles atención. Sé el detective de tus pensamientos y detecta los que ya no te sirven.

La manera más sencilla de comenzar a amarte es cambiando los pensamientos de crítica y juicio hacia ti misma por pensamientos de amor, comprensión, apoyo y reconocimiento. Los pensamientos se convierten en acciones, las acciones en hábitos, los hábitos en tu carácter, y con tu carácter forjas tu destino. Si quieres amarte a ti misma comienza por observar tus pensamientos y decirte cosas bonitas.

Y recuerda también celebrar tus logros, por pequeños que te parezcan, porque eso también es otro acto de amor.

Todos los problemas del mundo tienen su origen en una falta de amor propio. Si colmas tu propia necesidad de amor, estarás cambiando el mundo.

EL ABC DEL AMOR: puntos principales para recordar

* ¿Te ha pasado alguna vez que quieres cuidarte pero te da la sensación de que el mundo entero está en tu contra?
* La clave de esto que te pasa reside en el lugar desde el que haces las elecciones para tu vida. La causa de lo que te pasa no está en los demás, sino en hacer tus elecciones porque de verdad quieres y no porque te obligas a hacerlas.

- Lo que pensamos afecta a nuestro cuerpo, y el cuerpo se defiende de los ataques externos. Si los pensamientos que tenemos hacia nosotras mismas son nocivos, el cuerpo también se defenderá de ellos. Éste es el origen de las enfermedades autoinmunes, en las que el cuerpo se ataca a sí mismo.
- Muchos pensamientos negativos de ataque aparecen disfrazados de pensamientos de consciencia.
- Cambiando lo que pienso puedo elegir desde la verdadera consciencia de amor hacia mí misma, y no desde la cárcel.
- Piensa en el ser tan maravilloso que eres y te tratarás con amor. Recordando que lo importante es que lo sientas.
- Los 10 venenos a evitar o minimizar su consumo para cuidarte son: (1) el azúcar; (2) los lácteos y derivados; (3) el gluten; (4) las bebidas carbonatadas; (5) los aceites hidrogenados; (6) los alimentos refinados; (7) las salsas de supermercado; (8) los alimentos fritos; (9) la comida rápida o comida basura; y (10) el alcohol, el café y, por supuesto, el tabaco.
- Elije desde la alegría de saber que optas por uno u otro plato desde la abundancia, no te estás negando nada, ni prohibiendo nada, todo lo contrario, estás dándote la vida plena que mereces.
- Los pensamientos generan acciones que la fuerza de voluntad o autocontrol no son capaces de conseguir.
- La manera más sencilla de comenzar a amarte es cambiando los pensamientos de crítica y juicio hacia ti misma por pensamientos de amor, comprensión, apoyo y reconocimiento.

PASA A LA ACCIÓN: el conocimiento sólo se integra cuando se practica

Para integrar la lectura de este capítulo en tu vida te propongo que diseñes tu frase motivadora. Será una afirmación positiva y no tiene por qué ser algo que ya tengas, sino una manera de automotivarte. Ejemplos:

- Se me da fenomenal estar en pareja, siempre tengo parejas maravillosas.
- He adquirido la sabiduría necesaria para amar y ser amada.
- El Universo me ama y quiere siempre lo mejor para mí.
- Todo lo que necesito llega a mi vida en el momento y lugar adecuados.
- Todo está bien en mi mundo.
- Soy una brisa de aire fresco sanadora.

Repítetelas cada vez que pases por un espejo, desterrando los pensamientos de desaprobación que surgen automáticamente, como «¡Qué pelos!» o «¡No te favorece el pantalón!».

Si no eres capaz de hablarte con amor o te sientes ridícula, te puedes decir a ti misma:

—«Estoy a salvo, la existencia me ama, me abro al amor y a la aceptación de mí misma. Merezco lo mejor y lo acepto».

Sé consistente, no se trata de hacerlo una vez, sino cada vez que pases por un espejo.

Además de esto, cada mañana antes de levantarte, a partir de ahora, siéntate en la cama, abre los brazos todo lo que puedas y di:

—«Gracias por este maravilloso día. Hoy estoy abierta a recibir a todas las personas y experiencias maravillosas que la vida me trae».

Después date un gran abrazo.

Ya estás lista para comenzar el día.

PARTE 3

Amar: lecciones de la pareja para aprender a amar

«Si hoy consigues tener el más leve vislumbre de lo que significa el amor,
habrás salvado una distancia inconmensurable hacia tu liberación
y te habrás ahorrado un tiempo que no se puede medir en años».

UN CURSO DE MILAGROS

Energía femenina: aprendiendo a recibir amor

En la mitad de mi viaje, estuve prestando servicio durante algunas semanas en la oenegé de Madre Teresa en Calcuta. El último día fue todo un regalo. Después de lo que había llorado, Dios (= la Vida, el Amor, el Universo… yo le llamo Dios) quiso que Calcuta me despidiera de la manera más amable.

Había estado de voluntaria en la división de niñas con enfermedades mentales y en la de mujeres maltratadas llamada Shanti Dan; en la de bebés discapacitados Shisu Bavan, y en el hogar para moribundos Kalighat.

Los tres sitios, pero sobre todo el primero, me resultaron muy sobrecogedores. En Shanti Dan hay una división con mujeres y otra, la que más frecuenté, con muchas «niñas» que tienen alrededor de treinta años, aunque aparentan como mucho unos quince, que presentan todo tipo de discapacidades físicas y psicológicas. Lo menos impresionante son sus malformaciones físicas; lo más, las diferentes manifestaciones de autismo y el estado de las pobres niñas en *shock* por todo tipo de abusos sexuales y maltratos por parte de sus propios familiares, con sus correspondientes secuelas también físicas por los golpes, hachazos, rociado con ácido, cuchilladas recibidas…

Están divididas en grupos según sus capacidades mentales, y tu misión es hacerles compañía mientras les cantas, las ayudas a hacer ejercicio, a jugar con la arena, con un tambor, a hacer *collages,* puzles o a escribir el abecedario. Después les das de comer y luego las pasas de su silla de ruedas adaptada a la camita, en un dormitorio gigante donde hay alrededor de cuarenta camas. Tienes que llevarlas al baño o cambiarles los pañales de tela cuando se hacen sus cositas encima. Algunas gritan, otras lloran, otras escupen, otras te abrazan muy fuerte, otras te persiguen y te pellizcan, te dan mordiscos o te arañan, otras se mueven rítmicamente y no te permiten acercarte, las que más ríen y te sonríen…, cada una es de una manera.

Ese último día me entregué por completo a dar amor y me encontré con mucho amor de vuelta. Tanto amor me dieron que no tuve más remedio que abandonarme y rendirme a recibirlo.

Es mucho más difícil recibir amor que darlo, bien porque interviene el ego que nos hace querer ser útiles todo el tiempo, debido a la importancia que nos damos cuando nos consideramos imprescindibles, lo cual es bastante gracioso, porque para nada lo somos; o bien porque recibir amor lleva implícito el miedo que tenemos a perder lo que se nos da, especialmente cuando tenemos un gran anhelo de que nos quieran.

Por la mañana, en Shanti Dan, estuve acariciando, dando masajes y abracitos a las desheredadas señoras de allí. Las pobres con heridas en la cabeza, inmóviles en una cama, se ponían a llorar contándome su vida... Yo no entendía ninguna palabra porque hablaban en hindi, pero las escuchaba, comprendía sus sentimientos y asentía.

Ellas se sentían tan agradecidas que me hacían una especie de reverencia. Era muy bonito; no el hecho en sí de que alguien me hiciera una reverencia, sino el trascender el ego para abrir tu corazón a recibir el amor de un bello ser, lisiado y enfermo, vestido con su camisón, que acepta su condición en paz y te agradece desde el alma que le tomes su mano y estés presente a su lado, sin prisa.

Amarlas era recibir su amor

Como yo a mi vez me sentía también muy agradecida porque me estuvieran enseñando a recibir amor, algo completamente inesperado que surgió de mi abandono cuando dejé de luchar en medio de una situación que me superaba, les hacía de vuelta una reverencia a ellas. Luego ellas a mí, así que era muy divertido reverenciarnos todo el rato las unas a las otras.

Recuerdo un alegre *thank you,* que me llegó muy dentro, pronunciado directo desde el corazón por una mujer impedida a la que ayudé a pasar de la silla de ruedas a su cama. Ese *thank you* nació de la completa aceptación de la ayuda, reconociendo su propia grandeza, sin sentir que eres menos por depender de los demás. No había lucha en su expresión, había aceptación completa, incluso dicha, había paz. Un *thank you* pronunciado desde la dignidad del alma del ser humano, enseñándome también cómo se hace eso que se llama recibir amor.

«Los hombres
necesitan vencer su resistencia
a dar amor
mientras que las mujeres
deben vencer su resistencia a recibirlo».

JOHN GRAY

Por la tarde estuve en Kalighat, el hogar de los moribundos. Una voluntaria argentina y otra americana recogieron a una mujer de la calle llena de gusanos, muerta de hambre y sed y al borde de la muerte. De hecho, hubo un momento en que le tomamos el pulso porque pensamos que se acababa de morir.

Le dimos agua, la desnudamos, la enjabonamos mientras le rapaban su pelo lleno de piojos, la enjuagamos con agua calentita y la vestimos con ropa limpia con mucho cariño y delicadeza. La acostamos a la espera de que la viera el médico y no dejamos de tomar su mano y acariciarla hasta entonces. ¡Madre mía, esas dos chicas la salvaron de una muerte inminente tirada en la calle!

Gandhi decía que todo lo que hacemos es insignificante…, pero a la vez es muy importante que lo hagamos. ¡Y tenía razón! Qué bello es ver a Dios en los demás y cuidar de las personas que aparecen en nuestro camino. Cuando somos capaces de ver a Dios en los demás es porque lo llevamos dentro.

Pero ¿por qué no nos dejamos querer? Porque en lo más hondo de nuestro ser pensamos que no merecemos que nos amen. No confiamos en que el amor permanezca a nuestro lado y estamos tan hambrientas de que nos quieran que no sabemos cómo recibir tanto amor y no apegarnos a él. Tenemos mucho miedo de permitirle la entrada en nuestros corazones y luego sufrir por perderlo.

En primer lugar hay que tener en cuenta que hacer algo por un resultado atrae lo contrario, porque vibras en la escasez. No amamos para que nos amen; amamos porque nos brota amar. Recibir está implícito en el dar; como decía antes, amar es recibir el amor del amado; y si bloqueas el flujo de la vida impidiendo recibir amor, estás yendo en contra de las leyes naturales. La naturaleza es mucho más poderosa y no podemos mantener la paz si vamos en su contra.

Cuando amas y tu relación sirve al propósito de Dios, da igual que ames a tus sobrinas, a las mujeres desheredadas en la oenegé de la Madre Teresa de Calcuta o a tu pareja; recibes de vuelta el amor que das. Es más, no estás amando si no permites que te amen. Pero si tienes miedo al rechazo y al abandono, aunque sea un miedo inconsciente que desconozcas, impedirás que te llegue el amor de vuelta, porque ¿qué pasaría si un día dejaras de recibirlo? Mejor es entonces no permitir al amor que llegue a tu vida porque no se puede perder lo que no se tiene. No queremos sentir la decepción de nuestras expectativas, así que nos negamos el disfrute de ser amadas, lo que significa que también nos negamos el disfrute de amar de verdad.

He conocido mujeres a quienes les molesta que un hombre las ayude con las bolsas de la compra o que les abra la puerta para que ellas pasen delante. No consigo comprender por qué una mujer no permite que el hombre la proteja y la cuide como un tesoro, cuando el hombre está deseando ser útil para la mujer y atenderla en sus necesidades. Pero la mujer se muestra arisca, «¡Yo puedo sola!», y el hombre se siente menospreciado.

El hombre no está hecho para servir a la mujer, pero a él le gusta hacerlo. Es su naturaleza, su orgullo, mejorar la vida de la mujer a la que ama. No hemos de exigirles que nos atiendan, pero sí permitírselo cuando lo deseen. Permitir que nos amen es amar.

Igual que no podemos dar por sentado que todos los días haya el mismo clima, porque a veces llueve y a veces hace sol, tampoco podemos dar por sentado que recibiremos el amor de vuelta. La preciosa lluvia o el cálido sol son regalos que aceptamos de la naturaleza, igual que el amor que los demás nos dan. Cuando ellos quieren. Si me apego al sol, si lo doy por sentado, sufriré cuando llueva; pero no he de dejar de disfrutar la caricia de los rayos solares por miedo a que un día el sol desaparezca. Si no celebro cada día la salida del sol, ¿crees que querrá seguir brillando para mí?

«Seguridad significa permanencia,
pero ¿existe algo en nuestra vida que sea permanente?».

KRISHNAMURTI

Una persona que se ama no se priva de los regalos de los demás. Aprender a recibir es imprescindible para aprender a amar, porque amar es una vía de doble sentido.

Tenemos necesidades afectivas y podemos pretender ser autosuficientes, pero si no las satisfacemos, las canalizaremos a través de adicciones o del aislamiento. Usamos estrategias para no sentir el dolor o la frustración de tener expectativas no cubiertas. Una de ellas es no permitir que nos amen, ponerle barreras al amor, mostrando nuestra frialdad, aislándonos, retirándonos, encerrándonos en nosotras mismas, ocultando nuestra vulnerabilidad o colocándonos en la seguridad de la distancia emocional, quizá también por temer que el amor que recibes vaya asociado a la exigencia y la presión, que es el miedo que subyace bajo la personalidad antidependiente.

Hemos de reconocer que tenemos una herida, aunque no sepamos ni cómo ni cuándo se originó, que se abre cuando nos exponemos ante determinadas situaciones, como a perder el amor que recibimos. Sólo podremos liberarnos de la tiranía del dolor cuando aceptamos plenamente nuestra soledad, dejando la lucha atrás aunque se reabra nuestra llaga.

Las compensaciones a nuestros miedos suprimen la conexión con nuestro corazón. Podemos desactivarlas con compasión, ternura y compromiso. Compartir nuestra vulnerabilidad y nuestro dolor con la pareja en lugar de huir de ella es lo que fortalece el vínculo y aumenta la intimidad.

EL ABC DEL AMOR: puntos principales para recordar

- El ego nos hace querer ser útiles todo el tiempo, debido a la importancia que nos damos cuando nos consideramos imprescindibles.
- Recibir amor lleva implícito el miedo a perderlo, especialmente si tenemos un gran anhelo de que nos quieran.
- No nos dejamos querer porque en lo más hondo de nuestro ser pensamos que no merecemos que nos amen.
- Recibir está implícito en el dar.
- El hombre no está hecho para servir a la mujer, pero a él le gusta hacerlo. No hemos de exigirles que nos atiendan, pero sí permitírselo cuando lo deseen. Permitir que nos amen es amar.
- Tenemos necesidades afectivas y podemos pretender ser autosuficientes, pero si no las satisfacemos las canalizaremos a través de adicciones o del aislamiento, mostrando nuestra frialdad, retirándonos, encerrándonos en nosotras mismas, ocultando nuestra vulnerabilidad o colocándonos en la seguridad de la distancia emocional; quizá también por temer que el amor que recibimos vaya asociado a la exigencia y la presión, que es el miedo que subyace bajo la personalidad antidependiente.
- Sólo podremos liberarnos de la tiranía del dolor cuando aceptemos plenamente nuestra soledad, dejando la lucha atrás aunque se reabra nuestra herida.
- Compartir nuestra vulnerabilidad y dolor con la pareja en lugar de huir de ella es lo que fortalece el vínculo y aumenta la intimidad.

PASA A LA ACCIÓN: el conocimiento sólo se integra cuando se practica

Para integrar la lectura de este capítulo en tu vida te propongo observar de qué maneras estás recibiendo ahora mismo en tu vida el amor de los demás. El dolor del miedo al abandono, el rechazo o la pérdida siempre aflora mientras las heridas siguen sin sanar. Los expresamos de forma histérica, arisca y áspera. Sabemos que el miedo en sí no es el problema; lo es su falta de aceptación.

Acepta, si éste es tu caso, que no permites al amor entrar en tu vida porque íntimamente no crees que lo merezcas o porque sientes miedo de perderlo y sufrir.

Haz una lista donde reflejes todo el amor que estás recibiendo de los demás. Pueden ser llamadas de teléfono interesándose por ti, *emails,* regalos físicos, pero también aceptación hacia tu ser, comprensión y respeto a tus particularidades, libertad, espacio, escucha, espera…

Entrégate a sentir el amor que recibes de los demás. A permitir que te cuiden sin tener que devolverles sus cuidados.

Cuando amas, la vida te devuelve el amor. No necesariamente lo recibirás de vuelta de la misma persona, pero es seguro que lo recibirás. Permite que circule el flujo del amor en tu vida. Lo semejante atrae a lo semejante.

Responsabilidad y comunicación no violenta

La responsabilidad es responder con habilidad y de manera espontánea ante los vaivenes de la vida. Esa habilidad nace precisamente de la naturalidad con la que se responde, como un niño que expresa desde el corazón, sin que las preguntas pasen por su mente. Por eso, a veces, los adultos nos reímos de las cosas tan aparentemente absurdas que dicen. La inmediatez y la mansedumbre en la manera de responder de un niño nacen de un estado de paz interior, del juego y de la armonía interna del espíritu. Consiste en hablar a un hermano desde la no defensa, sin juicio, desde la aceptación de su punto de vista, la comprensión, la humildad de saber que otros puntos de vista son posibles e igualmente válidos. Consiste en expresar lo que sientes con respeto absoluto y sin querer atacar.

Cuando estoy en estado de paz, es decir, cuando tengo presente que soy hija de Dios y que estoy hecha de amor, soy capaz de mirar a mi semejante con aceptación plena y conversar desde la búsqueda de la unión en la paz y la armonía.

Otras veces, cuando no puedo ser espontánea porque el dolor o el miedo me ciegan, me preparo. Antes de ver a una persona o de mantener una conversación telefónica que preveo delicada, pienso en la persona con la que voy a hablar. Me doy cuenta de que lo que vamos a hablar no es importante por más que a mi ego sí se lo parezca. Para la existencia todo es un juego. Para ella, infinita, nuestros asuntos cotidianos no son preocupantes. Si lo fueran sería porque se ha dejado contaminar por el miedo, pero esto no es posible porque el miedo no tiene cabida en el amor.

Así que primero me miro a mí misma y me recuerdo que me amo; después miro a mi hermano con compasión. La compasión del alma que te hermana, no la del ego que te sitúa por encima. Y siento el mismo amor por él. Lo respiro mientras lo evoco. Y después lo comprendo. Comprendo sus miedos, percibo que dentro de sí se alberga el alma cándida de un niño que ama y que también siente miedo. Y entonces lo acepto. Y con todo esto me doy cuenta de que lo amo. Y después, después es cuando lo llamo o lo veo si es necesario. Mantengo esa conversación difícil y respiro.

A veces dejo que las palabras lleguen desde un lugar que no conozco pero que sé que no es mi mente. Yo misma me sorprendo de lo que digo y del tono de voz que utilizo. No sé bien de dónde sale. Lo que sí sé es que llega a los corazones de aquéllos con quienes hablo. Que después nos sentimos más unidos. Y lo que también sé, porque lo vivo, es el estado de paz tan absoluta que siento después de hablar con ellos.

La reactividad ya la conoces. Nada tiene que ver con esto que te describo. La reactividad está basada en el miedo al ataque, en defenderse, en llevar razón, en dejar bien claro esto o lo otro para que nadie se aproveche de ti, que nadie te la juegue y que nadie te tome por tonta. Que tú no tienes necesidad de aguantar las tonterías de nadie y mucho menos las de alguien que no te tiene en consideración, etc. ¿Te reconoces en esto? ¿Cómo te sientes al leer este párrafo y cómo te sentías con el de antes?

Quizá pienses que vivo en un mundo fácil y que por eso estoy como colocada en el amor y todas estas ideas idílicas. La realidad es que sí siento que vivo en un mundo amable, aunque la vida me presenta aprendizajes similares a los que le presenta a cualquiera, no obstante si te digo la verdad, cada vez van siendo más sencillos. Lo que me hace estar en paz es saber que Dios me lleva de la mano y que nunca el otro es culpable. Que pase lo que pase en mi mundo físico no tiene que ver con que nadie busque hacerme daño, sino que todo lo que veo es una creación de mi mundo mental. Y que si quiero estar en paz, he de cuidar precisamente el lugar donde se originan mis vivencias, que es el estado de mi conciencia.

Existen maneras de comunicar lo que sentimos y necesitamos sin violencia. En cualquier caso, la otra persona siempre es libre de elegir dar o no lo que se le pide. Se trata de no mezclar lo que vemos con lo que opinamos, es decir, los hechos objetivos con los juicios subjetivos que hacemos de ellos, que siempre guardan relación con nuestras heridas.

Primero expresaremos lo que vemos, después lo que sentimos y por último lo que necesitamos. Después podemos formular una petición.

Por ejemplo, imagina que estás trabajando en el ordenador y tu pareja se pone al lado a ver un partido de fútbol, gritando de vez en cuando «¡Gol!». Puedes decirle que es un desconsiderado porque no te deja concentrarte en tu trabajo o puedes comunicarte de manera no violenta utilizando la fórmula anterior:

Lo que veo + lo que siento + lo que necesito + la petición

—«Has puesto la televisión para ver el fútbol (lo que veo), me molesta (lo que siento) porque necesito silencio para trabajar (lo que necesito). Por favor, ¿la apagas/bajas el volumen/te vas a ver la tele a otra habitación? (petición)».

O dicho de forma menos artificial: «Me molesta (lo que siento) el sonido de la tele (lo que veo) para trabajar, ¿le bajas el volumen por favor (petición)?».

Los comentarios que se viven como críticas, y no como invitaciones a algo, normalmente se convierten en profecías. Si acusas a tu pareja de ser un desconsiderado por ponerse a tu lado a ver el fútbol, puede que se acabe convirtiendo en ello. Se trata de reflejar lo que realmente sentimos sin basar la conversación en juicios ni reproches.

Es importante expresar nuestros propios sentimientos y no los sentimientos que adivinamos en los demás. Por ejemplo, la frase «Siento que no me quieres» es un pensamiento sobre lo que el otro siente, cosa que no podemos conocer. Lo que tú sientes es tristeza o preocupación, no sabes lo que el otro siente.

Todos los juicios, críticas, interpretaciones y diagnósticos de las actuaciones de los demás son expresiones de nuestras propias necesidades no satisfechas. Si le digo a mi pareja «Eres un desconsiderado», estoy expresando mi necesidad de que «me tengan en consideración». Una vez más, vemos que todo lo que sentimos más que con el otro tiene que ver con nosotras mismas, aunque sea el otro el detonante que hace que nuestras necesidades emerjan a la superficie.

La otra persona no tiene por qué saber nada de comunicación no violenta y atacarnos verbalmente cuando algo le molesta de nosotras.

En este caso, puedes hacer cuatro cosas:

1. Echarte la culpa: «Perdona, tienes razón».
2. Defenderte: «De eso nada, es culpa tuya».
3. Darte cuenta de lo que sientes: «Me duele lo que me has dicho».
4. Darte cuenta —sin juicio—, de los sentimientos y necesidades que se ocultan bajo el mensaje negativo del otro.

Recuerdo una vez que estaba cocinando junto a un novio. Necesitaba abrir un bote de cristal que estaba fuertemente cerrado. La conversación fue la siguiente:

—No puedo abrir este bote [dándoselo para que me lo abriera].

—¿Qué quieres? [demandando que le pidiera las cosas claramente].

—Ábreme el bote, por favor [demandando sin explicar los hechos, lo que siento ni lo que necesito].

—Vaya, te encanta mandar, tú misma puedes hacerlo [conectando con su miedo a ser invadido].

—De verdad que no puedo hacerlo, ¿tanto te cuesta ayudarme? [conectando con mi miedo al abandono].

¿Cómo podríamos haber mejorado nuestra comunicación?

—Esta tapa está muy dura (hechos), no me siento capaz (como me siento) y me hace falta para cocinar (necesidades). Por favor, ¿me abres el bote? (petición).

He de estar preparada para recibir una respuesta negativa a mi petición. Y si esto ocurre, aceptarlo en paz.

¡Tendría que cocinar otra cosa o utilizar otro ingrediente!

«El camino al amor es un viaje interior (…)
Todas las relaciones humanas son,
en última instancia,
una relación con Dios».

Deepak Chopra

El compromiso de sanar atrae el despertar de los sentimientos a través de situaciones cotidianas vividas desde la presencia. A veces no sabemos realmente qué es lo que estamos sintiendo. ¿Cómo acceder a nuestros sentimientos?

La mejor manera de conectar con lo que sentimos es hacerlo a través de nuestras reacciones corporales. El cuerpo no miente porque no piensa, el cuerpo sólo siente. Recuerdas esas veces cuando en medio de una conversación te dieron una noticia o una respuesta, de pronto, te entró tos, se te hizo un nudo en el estómago, se te pusieron los pelos de punta, rigidez en la nuca, una opresión en el pecho, te pusiste a temblar... Todas estas sensaciones corporales son un indicativo de que se ha despertado un sentimiento molesto. ¿Cómo saber qué es lo que te molesta?

Necesitas dirigir una mirada hacia tu interior a través de la introspección. La soledad es la herramienta para sanar, pero siempre primero recordándote que estás ahí para ti, con cariño, con compasión y con afecto. A menudo sentimos tanto miedo que no podemos acceder a lo que sentimos y mucho menos expresar algo que no sabemos qué es. Sólo puedes sentir lo que sientes confiando y aceptando que la sanación llega cuando estás lista.

Es importante que vayas a favor de lo que de verdad quieres, en lugar de transigir por miedo al abandono o a la pérdida. Honrar tus necesidades es un acto de amor hacia ti misma y es algo que surge naturalmente cuando te amas.

Hay momentos en que ocurre algo cuya interpretación produce en ti una parálisis. No puedes hablar, ni pensar, estás confusa y presa del pánico. Estás en medio de una llamada al despertar espiritual a tu vulnerabilidad. Puedes estar paralizada porque sientes que te abandonan, te critican, porque recibes mensajes contradictorios por parte de personas que cambian su humor sin razón aparente...

Cuando te sientes violada por el juicio de los demás, tu autoestima disminuye, te descentras y caes en *shock*. Buscas desesperadamente algo externo que te ayude a salir adelante, que puede ser aferrarte a tu pareja o desarrollar adicciones. Ves al otro como culpable y le exiges atención o le castigas distanciándote.

Si has adoptado el rol de dependiente, puedes volverte pegajosa, suplicante, exigente, sacrificada, presa del miedo al abandono, a la soledad, al rechazo... Crees que no mereces ser amada y te sientes frustrada continuamente por el enfado de que el otro nunca está presente.

Si has adoptado el rol de antidependiente, evitas el acercamiento para protegerte del miedo al abandono, al abuso, a la manipulación, del miedo a tenerte que hacer cargo del otro, a no ser capaz... Temes la exigencia y la presión.

Una vez comprendido esto, se teme que nunca se vaya a encontrar la solución, pero esta desesperación es la que te motiva a hacer el trabajo interior que necesitas con respecto a tus propias heridas.

No eres la única responsable de que tu relación de pareja no funcione. Muchas veces nos echamos toda la culpa porque pensamos que todo depende de nosotras, de nuevo el ego en acción, que nos invita a creernos ser las únicas en todo. Y miramos a nuestro alrededor y vemos una realidad que a nuestros ojos nos confirma que no sabemos amar y que la culpa de todo ha sido nuestra incapacidad para dar o para recibir amor.

«Cuando podemos ver lo que nos ha aportado una relación
y lo que hemos aprendido de ella,
estamos en disposición de cerrarla
y abrirnos a lo que esté por venir».

Joan Garriga

A veces las relaciones no tienen que funcionar, es lo que nos conviene. A veces nos desanimamos porque otros están en pareja y nosotras no, o pensamos que tienen una relación mejor que la nuestra. Siempre vemos el césped del vecino brillar más verde que el nuestro, sin embargo, cuando nos acercamos, vemos que tiene las mismas calvas.

Que otros tengan pareja no significa que hayan aprendido el arte del amor. Puede ser que estén en pareja, pero por razones diferentes al amor, como la seguridad o el estatus, luego no tienes que envidiar nada a nadie, cada persona sabe cómo es su vida y cómo son sus circunstancias.

Lo que sí tienes que saber es que aunque hayas puesto todo de tu parte para que una relación funcione, si la cosa no sale, no tiene por qué responder a ningún error que hayas cometido. Las relaciones vienen del cielo. A veces, la vida une a dos personas con finalidades diferentes a las aparentes.

Por ejemplo, puedes tener una relación de pareja de la que se sirve la vida para que aprendas a amarte más, a comunicarte con el otro sin violencia, a ser más reflexiva, a poner límites y respetarte, a saber si de verdad estás dispuesta a pagar el precio de implicarte. Siempre conviene agradecer los aprendizajes que la vida te trae.

Cierro este capítulo con estas sabias palabras de Joan Garriga, extraídas de su libro *El buen amor en la pareja*:

> Lo que ocurra con nuestra pareja, en última instancia, puede ocurrir con independencia de nuestro comportamiento. Estamos en manos de la vida y no somos los directores generales del Universo. Una sabiduría mayor que nosotros se encarga de la trama de la existencia. No estamos solos, podemos confiarnos a ella. A veces las grandes pérdidas en un nivel son grandes ganancias en el plano del espíritu. Vivir nos obliga al ejercicio constante de saber abrir y cerrar, comenzar y terminar.

EL ABC DEL AMOR: puntos principales para recordar

- La responsabilidad es responder con habilidad y de manera espontánea ante los vaivenes de la vida.
- Antes de mantener una conversación delicada, me miro a mí misma y me recuerdo que me amo; después miro a mi hermano con compasión. Y después comprendo sus miedos y le acepto.
- La reactividad está basada en el miedo al ataque, en defenderse, en llevar razón.
- Existen maneras de comunicar lo que sentimos y necesitamos sin violencia. Primero hemos de expresar lo que vemos, después lo que

sentimos y por último lo que necesitamos. Después podemos formular una petición.

- En cualquier caso, la otra persona siempre es libre de elegir dar o no lo que se le pide.
- Los comentarios que se viven como críticas y no como invitaciones a algo, normalmente se convierten en profecías.
- Expresa tus propios sentimientos y no los que adivines en los demás. Por ejemplo, la frase «Siento que no me quieres» es un pensamiento sobre lo que el otro siente, cosa que no podemos conocer. Lo que tú sientes es tristeza o preocupación, no sabes lo que el otro siente.
- Todos los juicios, críticas, interpretaciones y diagnósticos de las actuaciones de los demás son expresiones de nuestras propias necesidades no satisfechas.
- La mejor manera de conectar con lo que sentimos es hacerlo a través de nuestras reacciones corporales.
- Que otros tengan pareja no significa que hayan aprendido el arte del amor y aunque hayas puesto todo de tu parte, si la cosa no sale, puede ser una relación de pareja de la que se sirve la vida para que aprendas a amarte más, a comunicarte con el otro sin violencia, a ser más reflexiva, a poner límites y respetarte, a saber si de verdad estás dispuesta a pagar el precio de implicarte en una relación.

PASA A LA ACCIÓN: el conocimiento sólo se integra cuando se practica

Para integrar la lectura de este capítulo en tu vida te propongo que hagas un ejercicio práctico.

Trae a tu memoria presente aquella interacción molesta con una persona. Puede ser un familiar, tu pareja, un compañero de trabajo, un empleado de alguna compañía de suministros…

Repásala mentalmente y mejor si la escribes en tu cuaderno personal de desarrollo.

Analízala como un detective privado buscando las necesidades ocultas tanto tuyas como de la otra persona.

¿Qué herida estabais intentando proteger cada uno?

Anota la respuesta, por favor.

Ahora reescribe la conversación, pero esta vez desde la aceptación y comprensión de las necesidades del otro, con amor, como hemos visto en este capítulo.

Si se trataba de formular una petición, reformúlala ahora con las habilidades de comunicación no violenta que has adquirido.

¿Te sientes más en paz?

Mantén presente las herramientas que has aprendido para utilizar esta nueva habilidad con consciencia para responder en las próximas interacciones que la vida te traiga.

Aprender a poner límites y a respetar a los demás

Fijar límites y recibir amor son dos cosas que asustan a la mujer y le causan un enorme dolor.

Para poder mirar a los ojos a tu dolor, necesitas estar en tu centro. Disponer de recursos interiores suficientes para mantenerte a flote mientras te rompes por dentro. Por eso este período es el período de cuidarte. Es el momento de atender tus necesidades reales de descanso, de buena alimentación, de soledad, de llanto, de introspección o de expresar. Es el momento de reevaluar tu vida. ¿Realmente llevas la vida que quieres? ¿Has modificado tu estilo de vida para complacer a otra persona? ¿Estás haciendo lo que de verdad quieres hacer en tu día a día?

Se trata de rediseñar la vida que tu alma te pide. Comenzar a poner límites a personas y evitar actividades que no quieres hacer. Pero hacerlo desde el amor hacia ti misma, no desde la rabia o el resentimiento. El amor no contiene violencia.

Cuídate a través del descanso, de la lectura reconfortante, de la comida viva y vegetariana, de los masajes, de los paseos, de la soledad..., a mí particularmente me inspiran mucho el contacto con la naturaleza y con los animales. También el ejercicio físico intenso y regular. El yoga. Y cuando estés fuerte, habla con suavidad con las personas a quienes quieras expresarles que han vulnerado tus mínimos porque tú no te atreviste a fijar límites por el miedo a perder su amor, porque te quedaste en *shock* y no supiste reaccionar, porque no tenías la capacidad suficiente para saber qué te estaba pasando, y explícales por qué te sentiste cada vez más distanciada de ellos.

Un fin de año preparé una cena para catorce personas, todos amigos y familia del que era mi pareja. Aunque yo los apreciaba mucho, soñaba con un fin de año a solas con él cenando a la luz de las velas. Pero no fui capaz de expresarle mi deseo; intuía una respuesta negativa y no hubiera podido gestionar un no, porque para mí, herida por el miedo al abandono, no habría sido una expresión de un deseo de compartir también con su familia y amigos, sino un «los prefiero a ellos antes que a ti».

Objetivamente, veníamos de pasar un fin de semana juntos, no había razón para no compartir el fin de año con otras personas. Subjetivamente, para mí ese fin de semana era poco tiempo a solas con él, que, atosigado por mis demandas de afecto y herido por el miedo a ser invadido, no acababa de darse completamente en la relación.

Preparé con cariño la cena pero sintiéndome a la vez sola y abandonada, sintiendo que estaba haciendo algo que no quería hacer por no atreverme a decir que no. Así que, perdida en mis pensamientos, no participé de verdad en la velada; de hecho, cuando en la sobremesa nos sentamos en el sofá, me quedé dormida. Mi pareja me despertó para llevarme a la cama y una amiga suya me puso en evidencia señalando en público y con disgusto que quizá me había pasado con el vino. Me estaba perdiendo una bonita sobremesa de fin de año.

Era cierto y me sentía triste por ello, pero fue lo único que pude hacer, dada mi incapacidad para conectar con mis sentimientos por encima del miedo al abandono. Desde ese momento comencé a sentirme distanciada de esta amiga, quien había despertado en mí una herida mayor cobijada bajo el miedo a que la gente no me quisiera por ser inadecuada. Hasta mucho después no supe que mi reacción ante su comentario era exagerada y que se debía precisamente a que había abierto otras heridas. Fue precioso poder compartir con ella cómo me sentía, desde la serenidad y el amor, una vez supe descubrirlo.

Una vez, un novio me planteó tomarnos un tiempo. A los pocos días, recibí un *email* suyo proponiéndome tomar un café durante el fin de semana. Cuando recibí el *email* no supe bien qué contestar y me puse en manos de mi ser auténtico y real. Recordé mi compromiso de aprendizaje y me pregunté «¿Qué puedo aprender de esto? ¿Cómo puedo crecer a través de esta sencilla invitación a tomar un café?». Me acordé de mi tendencia a dejarlo todo por lo que yo creía que era amor (miedo disfrazado de amor), sin cuestionarme mis deseos: «¿Qué quería yo?».

Ese fin de semana, precisamente, me había imaginado tranquila en casa leyendo y me parecía el mejor plan del mundo. Por otro lado, la idea de salir de casa a tomar un café me parecía aburrida. Él y yo sabíamos compartir planes que me gustaban más, como salir a comer, pasear, ir a nadar a una piscina y premiarnos luego con una sauna y un spa; también me encantaba quedar con él en una cafetería con conexión a Internet y trabajar cada uno en nuestras cosas estando juntos, ir a caminar a la sierra… Pero ¿un café? Un café implicaba arreglarme, salir de casa, desplazarme hasta donde quedáramos, pasar un ratito y volverme a casa…, era una metáfora de dar mucho para recibir poco, precisamente lo que hace una persona sedienta de agradar, la persona hambrienta de amor que yo había sido hasta entonces por miedo al abandono.

Así que agradecí a la vida que me trajera dicho aprendizaje. De nada sirve hacerte un experto sobre el papel. Es cuando la vida te presenta situaciones cuando puedes demostrarte que has comenzado a andar el camino del amor propio y del respeto hacia ti misma, el camino de atender tus propias necesidades.

Cuando eliges cuidarte no haces mal a nadie. No se trata de desairar a nadie, ser antipática o echar nada en cara, «¡Te crees que voy a salir de casa sólo por las migajas de un café!». No. No se trata de interpretar, juzgar, exigir o denunciar. Se trata simplemente de cuidarte y darte valor. Y actuar con los demás desde ese mismo amor que aplicas para ti misma. Un sencillo «No, gracias, este fin de semana me quedaré leyendo en casa. Me encantará verte en otro momento y hacer alguna de esas cosas que nos gusta compartir, como salir a comer, pasear, ir a nadar y luego spa, quedar a trabajar juntos...». Con lo anterior, y de manera no violenta, expresas lo que quieres con claridad. No hay más vuelta de hoja. Otra prueba superada.

Es habitual que, aunque hayas superado otra prueba, después no te sientas en paz. Tienes sentimientos encontrados: «¿Habré hecho bien? ¡Tenía ganas de verle! ¿Cuándo me volverá a llamar?»... Éste es el momento de volver a escuchar lo que sientes y entender que lo que te ocurre es normal porque cuesta cambiar un hábito.

Si te pido que escribas tu nombre con la mano contraria a la habitual, tardarás más, te saldrá una letra ilegible y no muy bonita, y te sentirás contrariada aunque lo consigas. Eso es aprendizaje. Igual que cuando haces yoga con regularidad acabas logrando desear que llegue el momento de repetir una *asana;* sin embargo, los primeros días te duele todo el cuerpo por los estiramientos...

Esas agujetas pueden ablandarte y hacerte desistir del reto. También puedes mantenerte fiel a tu compromiso, desde tu centro, desde la voluntad de aprender y mejorar, a tu ritmo, apreciando los retos de la vida, que son regalos para ayudarte a poner en práctica lo que tan sencillo nos parece entender sobre el papel.

Pero tiene que estar hecho desde el amor hacia ti misma. No se trata de un juego de tira y afloja con tu pareja. Eso es miedo. Eso es guerra de egos. Si tú quieres a tu pareja, no introduces tensión entre ambos, no haces cosas «para que el otro haga» otras, como ya vimos. Actúas desde tu centro, con cariño, desde el respeto a ti misma, a lo que tú quieres, pero sin hacer daño a nadie, porque aunque te parezca mentira, ambas cosas son posibles a la vez: respetarte y no hacer daño a nadie. Y éste es tu nuevo aprendizaje.

Poner límites no es sencillo. De pequeña, mis mayores abrieron mi correspondencia, escucharon por el otro lado del auricular mis conversaciones telefónicas privadas y leyeron mi diario sin mi permiso, en nombre del amor. Me justificaron estos actos bajo un «No quiero que te pase nada» o «Lo hago porque me preocupo por ti». De mayor fui siempre muy despegada de mi familia. He tenido una infancia feliz y los quiero mucho a todos, pero por alguna razón me sentía alejada y sin ganas de compartir mi intimidad. A menudo, cuando me acercaba a ellos recibía una batería de preguntas sobre mí, preguntas indiscretas y sobre cosas íntimas, como mis relaciones de pareja, que yo o no quería o me resultaba doloroso compartir con ellos dados mis pésimos avances en el amor. «Nos preocupas, no sabemos nada de ti, te queremos».

El miedo se disfraza de amor con mucha facilidad. El miedo a no saber si una persona está bien o no lo está es tu miedo. El amor no se preocupa por si le pasa algo a la otra persona; el amor se ocupa de atender las necesidades de la otra persona. «¿Te has preguntado qué quiero yo, qué necesito? ¿Te has parado a pensar que a lo mejor lo que necesito es que respetes mi intimidad?».

—«¿Cómo? ¡Pero tú sabes lo mucho que te queremos!» Y vuelta a empezar.

Mis mayores son víctimas de víctimas, nadie tiene la culpa, y yo me alegro de haber vivido esto con ellos.

Gracias a haber vivido esto pude entender cómo se habían sentido mis parejas con mi control y mi dependencia. Pude entender que cuanto más insistes a alguien, más lo alejas de ti. Pude entender que no es lo mismo actuar desde el miedo a no saber cómo está el otro por el daño que su posible mal te pueda causar a ti (si te pasa algo, sufriré mucho por verte sufrir), que actuar desde el respetar el espacio, los deseos y las necesidades de la persona a la que quieres, a la vez que le ofreces tu disponibilidad para cuando busque tu compañía.

Es muy difícil poner límites a quien te ha invadido. Esta persona creerá que obra en nombre del amor como lo creía yo. Sentirá que la tratas con injusticia, pataleará, llorará e intentará manipularte, consciente o inconscientemente, dándote pena o enfadándose, hasta se pondrá mala.

Entonces más te alejarás de ella y más perderá ella su dignidad con la intención de controlarte para no sentir su propio miedo.

Y si eres tú quien pone distancia, serás un monstruo insensible.

Como ves, la persona dependiente y la persona antidependiente, ambas, sufren mucho. La primera siente que ama y le da todo a alguien cruel que no tiene sentimientos; la segunda no puede aguantar la falta de respeto que supone la invasión repetida de su intimidad, intimidad que posiblemente de otro modo estaría más cerca de compartir. Una intrusión realizada por alguien que se cree que actúa en nombre del amor. Se sentirá culpable por poner límites y esto, por ende, le alejará aún más del otro.

Cuando aquel novio y yo acordamos poner un poco de distancia, tenía mi bicicleta en su casa y había pensado que era buena idea llevármela, pero en el último momento la dejé. Cuando llegué a la mía, comprobé con horror que me había olvidado mis llaves en la cesta de la bici, en su casa.

Yo quería darle espacio, pero la realidad es que había cometido un acto fallido inconsciente que me obligaba a volver a su casa ¡el mismo día! Me sentí muy triste al comprobar cuánto camino de crecimiento tenía aún por hacer y me di cuenta de que la única manera de seguir adelante era poniendo el asunto en manos de la inteligencia superior que ordena el mundo, la Vida, Dios, el Tao, como quiera que tú la llames. Ese algo superior de lo cual formamos todos parte y que sabe mucho más que una sola.

Hay momentos en los que te sientes superada por la vida. Lo único que puedes hacer es soltar; es decir, relajarte y confiar en la inteligencia divina que crea mundos y obra milagros.

Si ocurre ese milagro, como tantos que ocurren cada día, y consigues sacar adelante tu relación de pareja, tendrás una relación profunda y auténtica. Un amor vivido desde el compañerismo para ayudarte a crecer y a desarrollar virtudes humanas tan preciosas como la confianza, la humildad, la paciencia y el perdón. Un amor real.

Si la pareja no consigue superar estos difíciles momentos y finalmente se separa, habrás recorrido un maravilloso camino de autodescubrimiento y de entrega, habrás vivido el amor como camino. Por eso cualquier desenlace es una bendición siempre que hayas honrado cada paso del camino.

La vida sabe mucho más que tú y que yo. Déjala libre. Tengo un amigo experto en selección de personal. Él dice que, una vez seguro de que has elegido a las personas correctas para cada puesto, debes confiar en ellos y darles mucha libertad, para que se sientan dueños del proyecto. Es la única manera de que puedan convertirse en autónomos y de que trabajen con alegría.

Imagínate que tienes un empleado y siempre estás encima de él corrigiéndole. Se aturullará y no acabará de aprender. Así que nunca te podrás ir de vacaciones. Con la vida pasa lo mismo. Ella está a tu servicio, no te metas en sus cosas, déjala libre. Si una relación tiene que terminar, acéptalo con dignidad y respeto, reverenciando el alma de quien se marcha. No le recrimines que está perdiendo una gran oportunidad, que se está equivocando o cualquier otra cosa que pienses. No sabemos nada, es la vida quien sabe. Su alma sabe lo que le conviene y, en cualquier caso, cualquier decisión es correcta porque todas contienen una enseñanza.

EL ABC DEL AMOR: puntos principales para recordar

- Poner límites consiste en rediseñar la vida que tu alma te pide y dejar las actividades que no quieres hacer. Pero hacerlo desde el amor hacia ti misma, no desde la rabia o el resentimiento. El amor no contiene violencia.

- Cuídate a través del descanso, de la lectura reconfortante, de la comida viva y vegetariana, de los masajes, de los paseos, de la soledad... Cuando estés fuerte, habla con suavidad con las personas a quienes quieras expresarles que han vulnerado tus mínimos porque tú no te atreviste a fijar límites por el miedo a perder su amor, porque te quedaste en *shock* y no supiste reaccionar, porque no tenías la capacidad suficiente para saber qué te estaba pasando, y explícales por qué te sentiste cada vez más distanciada de ellos.

- Cuando eliges cuidarte no haces mal a nadie. Se trata simplemente de cuidarte y darte valor. Y actuar con los demás desde ese mismo amor que aplicas para ti misma. Ambas cosas son posibles a la vez: respetarte y no hacer daño a nadie.

- Es habitual que después de poner límites no te sientas en paz porque cuesta cambiar un hábito.

- La persona dependiente siente que ama y le da todo a alguien cruel que no tiene sentimientos.

- La persona antidependiente no puede aguantar la falta de respeto que supone la invasión repetida de su intimidad, intimidad que posiblemente de otro modo estaría más cerca de compartir. Una intrusión realizada por alguien que se cree que actúa en nombre del amor. Se sentirá culpable por poner límites y esto, por ende, le alejará aún más del otro.

- Mientras aprendemos, hay momentos en los que te sientes superada por la vida. Lo único que puedes hacer es soltar; es decir, relajarte y confiar en la inteligencia divina que crea mundos y obra milagros.

PASA A LA ACCIÓN: el conocimiento sólo se integra cuando se practica

Para integrar la lectura de este capítulo en tu vida te propongo que hagas una lista con todo lo que ya no quieres que esté en ella: ya sean personas, cosas, un trabajo…

Cuando estaba escribiendo este libro, decidí darme de baja de Facebook: no me interesaba más seguir en el rebaño. Recuerdo que mucha gente me felicitaba «por una sabia decisión», pero seguían con su perfil activo en Facebook. Un misterio. Evoca de nuevo el cuento del pueblo de una sola casa y el perro que estaba sentado sobre un clavo. Quizá es que aún no les duele lo suficiente.

Cuando acabes la lista, traza un plan. Los cambios no suceden de la noche a la mañana. Aunque veamos en los demás cambios aparentemente espontáneos, no sabemos el trabajo interior que hay detrás.

Si no te gusta tu trabajo, cambia a otro. Yo lo hice. Dejé un empleo fijo en banca sin saber aún qué quería, sólo que no quería un trabajo sin ética. Después monté una empresa de *web hosting* con un socio. No era el trabajo de mi vida, pero al menos era ético y no tenía que obedecer las órdenes de ningún jefe presa del miedo a que me echaran por no cumplir el plan comercial. Cuando supe que el trabajo de mi vida era el que hago ahora, comencé a desarrollarlo compaginando ambas ocupaciones durante nada menos que trece años.

Igual te horroriza la idea de tardar trece años en cambiar tu vida, pero eso es porque te enfocas en la meta y no en el proceso. El proceso de fijar límites y diseñar la vida de tus sueños es precioso, porque cada día te vas haciendo un regalito. Es una de historia de amor clandestina contigo misma. Nadie lo sabe, pero tú tienes un plan. Y ese plan obedece a los dictados de la pequeña perla de amor por ti misma que ya se ha instalado en tu corazón.

Y en tu plan recuerda incluir también aprender a respetar los límites que fijan los demás, desde la aceptación de sus necesidades y con confianza en la vida.

Confusiones, dudas, autocompromiso y presencia

Si te has comprometido a aprender a amar, la vida te presentará las ocasiones de aprendizaje. Lo más fácil es salir huyendo, así que mejor de entrada quédate un momento. Quedarte te brinda la opción de aprovechar la oportunidad de conectar con lo que sientes y de saber quién eres en realidad. Así podrás aprender a amarte y a amar al otro cuando las condiciones sean más duras, y aprender a dar espacio y libertad sabiendo que no tienes garantía de nada.

El amor no es un destino, sino un camino. El ego puede hacerte creer que no vas a llegar a ningún lado, que estás perdiendo el tiempo, que estás desaprovechando otras oportunidades con otras personas que «te puedan dar» lo que necesitas, ya sea espacio, atención, más caricias, estatus… Puedes enredarte en sentirte una víctima de tu pareja o de las circunstancias, pensar que tú mereces algo más, la promesa infantil de Hollywood que aún te sigues creyendo, y que implica que tu pareja lo tenga todo y que no exista ninguna diferencia entre ambos… Puedes llenarte de enfado y frustración porque esto no se cumple y, claro, es culpa… ¡de la pareja!... Y seguir la dinámica o romper.

Pero ninguna de las opciones anteriores es la solución. La pareja que tienes ahora es la pareja ideal para trabajar tu patrón de desconexión con tus propios sentimientos, y me refiero también a tus sentimientos más profundos. Qué hay detrás de sentirte invadida o de sentirte rechazada o de que están abusando de ti; qué hay detrás del enfado, de la frustración, del victimismo. Aunque te parezca que la relación entre ambos es insalvable, que hay problemas imposibles de solucionar, la pareja que tienes ahora es la pareja ideal, y abandonarla antes de tiempo puede ser una falta de compromiso con tu aprendizaje. Excepto si se dan condiciones inaceptables que lastimen tu amor propio o, por supuesto, casos de vulneración clara de límites, como maltrato físico, etc. No estamos hablando de eso. Todos sabemos que hay límites inaceptables que son sencillamente eso: inaceptables.

El proceso de continuar con una pareja con quien estás viviendo un problema que te parece imposible de solucionar no es sencillo. No sabemos por qué estamos desilusionadas, enfadadas, por qué nos sentimos invadidas o faltas de atracción. El resentimiento mutuo puede ser tan grande que la pareja necesite tomarse un tiempo de descanso. Y esto está bien.

Tomarse un tiempo de descanso tiene como finalidad ver la situación con serenidad desde la distancia. Ese tiempo puede ser un alivio para quien se siente invadido pero a la vez se siente culpable por no atender a su pareja como ésta le demanda. Y para la persona que se siente abandonada, este período puede ser muy duro si elige vivirlo desde el abandono o si la otra persona no le clarifica que no es un abandono, sino una necesidad de tomar perspectiva con la finalidad de serenarse y dar lo mejor de sí a la relación.

Ambos pueden utilizar esta distancia para rehacer sus vidas, probando si se acuerdan el uno del otro o no. Uno de ellos o ambos pueden elegir vivir con un tercero un amor superficial de usar y tirar, pero no es lo que propongo en este libro.

El momento de tomarse un tiempo es un regalo bendito para que cada uno conecte con lo que siente. Nadie invade a nadie, nadie rechaza ni abusa o abandona a nadie, sin embargo la relación con nuestra pareja nos hace conectar con estas emociones. Estas emociones surgen de las heridas interiores de cada uno de nosotros, y la relación con nuestra pareja las activa, es decir, que es como echarles sal.

Desde que tengo uso de razón, mi madre me ha dicho que soy la mejor y la más guapa. Mi padre dice que soy la mejor y la más lista. Y se ponen muy contentos y yo percibo que me quieren si a sus ojos soy la mejor, la más guapa y la más lista. Este piropo que llevo escuchando casi cada día durante los últimos cuarenta y un años hace que inconscientemente piense que si no soy la más guapa y la más lista no me van a querer, mis seres queridos querrán a otra persona que sí lo sea. Pero cada día de mi vida veo mujeres de mi edad que son más bellas o inteligentes que yo, y cada día la herida se abre. Ahora, a mis cuarenta y un años, además soy más vieja, por lo que hay muchas mujeres jóvenes también más guapas y listas.

Si yo me encuentro con una pareja que me dice que soy bonita, creeré que me quiere. De igual manera, si mi pareja no celebra mi inteligencia, sentiré que no me quiere. ¿Puedo hacer responsable a mi pareja de lo que yo siento? Claramente, no. Tampoco a mis padres, que expresaron su cariño. Pero no puedo ocultar que tengo esta herida, ni que se reabre.

La manera de gestionar mi malestar no es echarle la culpa a otro ni huir o distanciarme de él.

La única manera de salir adelante es conectarme con lo que siento.

> Sé que siento un dolor inmenso causado por el miedo a que no me quieras, que abuses de mí o que me abandones.
> Sé que este miedo es mío y que tú simplemente me conectas con él.
> Sé que me he comprometido a aprender a amar y sé que la vida me trae esta situación para que yo pueda sanarla.

El sufrimiento está sobrevalorado. Sufrir duele, pero no mata. Sin embargo, evitar sufrir nos mata lentamente. Por eso elijo sentir, elijo evitar manipularte para que cambies, elijo vivir el terror del abandono y de la soledad, el miedo al abuso, y como no me resisto, se hace más pequeño. Lloraré, estaré seria, tendré pesadillas o me sentiré apática, pero no recurriré a muletas como las adicciones dietéticas para anestesiarme. No lo taparé ni lo pospondré, lo viviré ahora y no lo proyectaré sobre ti.

> La existencia te ama. Está a tu lado en todo momento. Sabe todo sobre ti. Siempre ha estado a tu lado, guiando tus pasos con todo su amor y cuidado.

A veces dudas de si tu presente te conduce al futuro que deseas.

No sabes qué cambios hacer en tu presente para ir en la dirección de tu futuro deseado.

Deseas un futuro feliz, pleno y dichoso en pareja. ¡Eres una clásica! Y no sabes si con tu pareja actual lo puedes tener o no.

Quieres saberlo, quieres tomar una decisión y dejar de tener dudas, pero no sabes cómo.

Las dudas del presente son la manera en que tu mente intenta controlar el futuro.

Donde hay dudas no hay confianza.

Las dudas bloquean el flujo de la abundancia y te impiden recibir eso que tanto anhelas.

Las dudas no te permiten vivir el presente, con lo que tiene y con lo que no.

Cuando no vives el presente, se escapa. Y la única manera de construir tu futuro es viviendo día a día tu presente.

Comunica con serenidad lo que sientes y lo que necesitas en lugar de taparlo o disimular. Imagina que la Existencia te pueda estar entrenando para que aparezca en tu vida la persona con la que vas a disfrutar de un presente feliz, pleno y dichoso en pareja, y lo está haciendo a través del cambio interior que se va a operar en ti si das lo mejor a la situación que estás viviendo en este momento con tu pareja actual o con cualquier relación. Si dejas a tu pareja o te desconectas de tu sentir, no estarás preparada para que la vida te envíe otra persona con la que vivir este presente.

O imagina esta otra posibilidad: imagina que alcanzas la experiencia del amor verdadero que anhelas con tu pareja de ahora, y que éste se manifiesta a medida que recorréis juntos ese camino de aprendizaje.

Si dejas a tu actual pareja, quizá tampoco puedas experimentar el amor en toda su profundidad.

En ambos casos, si no vives el presente al 100 % para evitar sufrir o por si no es adecuado para tu nuevo presente (al que llamamos futuro), te lo vas a perder.

> Seguirás enredada en intentar conseguir un futuro para el que la Vida no te considera preparada, por tanto no te lo puede enviar. Tu vibración no atraerá eso que anhelas porque no podrás sintonizar esa frecuencia. Sólo puedes vibrar en esa frecuencia si no te saltas pasos. No hay atajos.

Por mucho que te empeñes en conseguir algo, la vida no te lo traerá hasta que no le demuestres que estás preparada para ello. Si con tu actual pareja estás muy por debajo del umbral mínimo deseado, puedes considerar seguir adelante sin ella.

Si no es así, vive lo que tienes ahora con ella dando lo mejor de ti y ten paciencia. No hay prisas. Conecta con el amor en tu interior. No necesitas salir corriendo al mercado con hambre voraz de amor.

Éste es el regalo que la vida te tiene preparado. El regalo no es que consigas eso que anhelas, esa relación idílica de pareja. El regalo es lo que recibes al abandonarte en sus manos aceptando que Dios tiene los mejores y más sorprendentes planes para ti. Porque sólo desde el abandono y el confiar puedes vivir en estado permanente de gracia y de paz interior. Y desde la plenitud de la confianza, decidir seguir o no con tu pareja pierde importancia.

No tener pareja es un regalo maravilloso para que puedas aprender a saciar tú misma tu hambre de amor.

Decide tu actitud de vivir al 100 por 100 tu actual presente, tal y como es. Y deja que la vida haga lo que tu ego cree que tiene que hacer.

¿O de verdad piensas que todas las cosas maravillosas de tu vida las has hecho tú? Recuerda cuando eras un feto: nueve meses sin hacer nada te convirtieron en un ser con vida independiente fuera del útero. Deja que ella se encargue –¡confía!–, como viene haciendo hasta ahora, y tan sólo decide entre estas dos opciones:

1) Seguir peleada con la vida…
2) Aceptar tu presente y vivirlo al 100 por 100, es decir, con corazón y no sólo mente, sabiendo que si algo tiene que ser diferente a como es ahora, la vida se ocupará de ello en tu beneficio a su debido tiempo.

Recuerda que Dios está todo el tiempo junto a ti. Si lo necesitas, llámale. Él no intervendrá a menos que se lo pidas, porque sabe que tú puedes aprender sola.

Hay dos claves imprescindibles para que una relación de pareja funcione de manera saludable:

1. Una de ellas es la autoestima de cada uno de sus miembros, es básica. Y de ella ya hemos hablado en esta obra.
2. La otra es el autocompromiso y la presencia.

Mientras escribía este libro, tuve que tomar la decisión de no aceptar determinado comportamiento por parte de mi pareja. Empeñada como estaba en hacer que la relación funcionara, había pasado por alto que en ella hay dos personas, no solo una. Tomé consciencia de que mi ego había asumido el papel de solucionador de problemas y por eso yo me sentía responsable de mi parte y de la suya.

A medida que fui aprendiendo a quererme, me di cuenta de que hay comportamientos que no puedes aceptar por parte de la otra persona cuando se trata de hacer crecer el amor de pareja. Y es tan sencillo como que ambos han de poner intención en la relación, no sólo uno de los dos: no acepto estar en relación con un hombre que no esté interesado en trabajar la relación.

El compromiso con la pareja nace de la decisión consciente de poner intención en esta área de tu vida. Significa ser honesto con lo que se siente en cada momento mientras se transita por la vida de la relación. Mirarla de frente. Aunque duela. Significa atender a lo que se siente en cada momento y expresarlo con amor. Implica hacer tu parte del trabajo.

Nos creemos que ser capaces de disociarnos de nuestras emociones es una habilidad para los tiempos que corren, una manera de protegernos de los duros golpes que nos da la vida. Sin embargo, esta huida mental no nos permite crecer. Si quieres aprender el arte de la pareja, tienes que exponerte. Para exponerte tienes que implicarte. Y si te implicas, tienes que saber quererte mucho para responder espontáneamente con amor en los vaivenes de la relación, porque si no te amas lo suficiente puedes reaccionar con reactividad y sufrir desde la emocionalidad de la mente ego.

Pero todo esto lo vemos más claro en los demás, no en nosotras mismas. Es posible que pienses que este libro le vendría muy bien a no sé quién, pero no piensas en ti. Y puede ser, de hecho, que seas tú quien quiere aprender a amar, pero no estás dispuesta a pagar el precio que ese aprendizaje conlleva. Aprender a amar pasa por aprender a amarse a una misma, a prestar atención a lo que sientes, a comunicarse consigo misma y a comunicarse con el otro.

Quizá crees que te amas, pero no te permites sentir, creyendo que es un modo de defenderte del mundo de hoy; es una manera de no amarte. Si no pones intención en la relación contigo misma, ¿cómo pretendes que tu pareja la ponga?

Hay muchas maneras de no amarse. Una es no permitirse sentir, el autoengaño es otra de ellas. Por ejemplo, cuando te crees que quieres una cosa pero en realidad no estás comprometida con ella por lo que no la vas a obtener. Te estás mintiendo y no eres capaz de verlo. Comprometerte significa estar dispuesta a trabajarte para estar en disposición de recibir lo que deseas.

El autocompromiso se pone en acción a través de la presencia. Estar presente en la relación significa atenderla, aun en la distancia, aun en las diferentes etapas de la vida, algunas más complicadas. No se trata de un arduo trabajo, se trata de una expresión de amor.

Conozco a una pareja, padres de un niño con parálisis cerebral que requiere de muchos cuidados. Su relación funciona a pesar de la dura prueba que supone para dos personas estar presentes dentro de la pareja a la vez que su hijo les requiere una dedicación permanente tan enorme. Pero se puede. El amor que destilan el uno por el otro se percibe. Y esto ocurre porque ambos han tomado la decisión de estar ahí.

Si tu pareja no desea comprometerse en la relación contigo, retírate con humildad, no lo persigas, no lo presiones, no te apenes creyendo que tú o él habéis perdido la oportunidad de vuestra vida y que habríais sido la pareja perfecta si él hubiera querido dar algo más... Honra tu dignidad y respeta el deseo de su alma. Él sabe o sabrá lo que es mejor para sí mismo. No es asunto tuyo y no te ha pedido tu ayuda.

EL ABC DEL AMOR: puntos principales para recordar

- Si te has comprometido a aprender a amar, la vida te presenta las ocasiones de aprendizaje. Lo más fácil es salir huyendo, pero el amor no es un destino, sino un camino.
- La pareja que tienes ahora es la pareja ideal para tu trabajo personal actual; abandonarla antes de tiempo puede ser una falta de compromiso con tu aprendizaje.

- Tomarse un tiempo de descanso tiene como finalidad ver la situación con serenidad desde la distancia, es un regalo bendito para que cada uno conecte con lo que siente.
- La manera de gestionar mi malestar es conectarme con lo que siento.
- Las dudas del presente son la manera en que tu mente intenta controlar el futuro. La única manera de construir tu futuro es viviendo día a día tu presente.
- Si con tu actual pareja estás muy por debajo del umbral mínimo deseado, puedes considerar separarte. Si no es así, vive el ahora dando lo mejor de ti y ten paciencia. Conecta con el amor en tu interior.
- Decide tu actitud de vivir al 100 por 100 tu actual presente, tal y como es. Y deja que la vida haga lo que tu ego cree que tiene que hacer.
- Hay dos claves imprescindibles para que una relación de pareja funcione de manera saludable: (1) la autoestima de cada uno de sus miembros; (2) el autocompromiso y la presencia.
- Si quieres aprender el arte de la pareja, tienes que exponerte. Para exponerte tienes que implicarte.
- El autocompromiso se expresa a través de la presencia. Estar presente en la relación significa atenderla.
- Si tu pareja no desea comprometerse en la relación contigo, retírate con humildad, no le persigas, no le presiones, no te apenes. Honra tu dignidad y respeta el deseo de su alma. Él sabe o sabrá lo que es mejor para sí mismo.

PASA A LA ACCIÓN: el conocimiento sólo se integra cuando se practica

Para integrar la lectura de este capítulo en tu vida te propongo que analices tu grado de autocompromiso y presencia en tu relación de pareja. Si actualmente no estás en pareja, analiza cómo fue en la última pareja que tuviste.

Los análisis que hacemos de las acciones de nuestra vida pasada no tienen como finalidad causarte un sufrimiento. Si te has comportado de un modo que no querías, piensa que lo hiciste lo mejor que pudiste con la información que tenías en ese momento. Y ya está. El pasado no se puede cambiar, pero es muy valioso para conocernos.

Ya sabes cuáles son tus puntos débiles, tus tendencias y tu herida. ¡Enhorabuena! Ahora ya puedes comenzar a ser una persona nueva, tu versión mejorada, la versión 10.0.

¿Cómo es/fue tu autocompromiso y presencia en la pareja?

Comprometerse no es dar mucho, sino trabajarse para dar lo que el otro necesita.

A la luz de lo que acabas de leer y aprender, ¿qué modificarías?

Por favor, anota las conclusiones a las que llegues en tu cuaderno personal de desarrollo, así podrás volver a releerlas más adelante.

«Suponemos, equivocadamente,
que si nuestras parejas nos quieren,
van a reaccionar y a comportarse de determinada manera,
tal como nosotros reaccionamos y nos comportamos
cuando queremos a alguien».

JOHN GRAY

Venus y Marte: el hombre no es una mujer

Las mujeres nos entendemos muy bien entre nosotras, pero no siempre somos capaces de entender a los hombres o de que ellos nos entiendan a nosotras. Esto ocurre porque tratamos a los hombres como si fueran mujeres. Pero no son mujeres, son hombres, y su cerebro funciona diferente al de la mujer. A los hombres, por lo general, les gusta sentirse necesarios y a las mujeres, halagadas.

Todos poseemos una parte femenina y otra masculina, así que sería muy simplista pensar que por el hecho de ser mujeres actuamos de forma femenina, sobre todo ahora que estamos viviendo en la era de la masculinización de la mujer.

Del mismo modo, cada vez hay más hombres que desarrollan cualidades femeninas, ya que hoy en día por fin la sociedad lo permite.

Algunas de las cualidades arquetípicas femeninas son la escucha, la empatía, la exteriorización de emociones, la compasión, el discernimiento, la reflexión, la introspección, dar consejos, la subjetividad, la paz, la colectividad, decorar espacios, la necesidad de protección y la maternidad.

Mientras que las cualidades arquetípicas masculinas son la interiorización de emociones, el trabajo, la acción, ser directivo, objetivo, concreto, eficaz, tomar decisiones, controlar, la autoridad, el individualismo, la rentabilidad, la conquista, la protección del territorio y de los suyos...

Como habrás comprobado, aunque seas mujer poseerás varias de las cualidades masculinas. Se trata de un equilibrio y es una cuestión de grado.

El prototipo de persona femenina será aquella que se dirija más hacia su parte psíquica o espiritual interior, que se encargue de mantener la armonía en la familia, que piense de modo altruista en los demás, cuide de los suyos, afectiva, más colectiva que individual, prefiere conversar que discutir, puede realizar varias tareas a la vez, le gusta sentirse protegida por su compañero de camino y posee instinto maternal.

El prototipo masculino, en cambio, domina el exterior y el trabajo con un sentimiento sostenido de eficacia y un marcado individualismo, no se carga con reflexiones inútiles, es una persona orientada a objetivos y resultados, le gusta controlar su entorno y siente la necesidad de proteger a su prole, aunque lo hace más desde el punto de vista material que afectivo. Su territorio es su trabajo y su familia.

Si conoces tu porcentaje femenino y masculino, podrás entender mejor tu manera de comportarte y la de tu pareja en la relación.

A continuación describo diez diferencias básicas que suelen darse en mayor o menor medida entre hombres y mujeres, siempre en líneas generales y considerando una pareja formada por un hombre predominantemente masculino y una mujer predominantemente femenina. Conocerlas puede hacer que la comunicación sea mucho más fluida y evitar malos entendidos.

1. **EL LENGUAJE.** La mujer da un rodeo, el hombre necesita que se le hable de manera concreta y específica:

Sujeto + verbo + complemento directo + adverbio de tiempo

Ejemplo: «Manolo (sujeto) saca (verbo) la basura (complemento directo) antes de cenar (adverbio de tiempo)» versus «Hay que bajar la basura», donde no se especifica quién tiene que hacerlo ni cuándo.

Una amiga mía conoció a un chico que le gustaba. Pasaron esa tarde juntos y al despedirse, él le dijo: «Ya tienes mi teléfono, llámame cuando quieras». Ella no llamó, pero él le escribió un mensaje día y medio después. Le preguntaba qué tal estaba y le volvía a decir, esta vez por escrito, «Ya sabes dónde estoy, por si te apetece un café».

Mi amiga quería tomarse ese café con él como agua de mayo. Era lunes. Como el siguiente jueves se iba a pasar el fin de semana fuera, le escribió y se lo dijo: «Esta semana para mí es corta porque me voy el jueves de fin de semana», pretendiendo que el chico entonces la invitara (por tercera vez) a tomar café, pero antes del jueves.

El chico, en cambio, entendió: «Esta semana no puede ser porque no estaré aquí el fin de semana». Y dejó de proponerle tomarse ese café.

Los dos se morían de ganas de verse, pero no se comunicaron en un lenguaje claro para el otro. A mi amiga le hubiera encantado que este chico le hubiera dicho: «Ah, pues quedamos antes de que te vayas», y lo que le hubiera encantado a él que le dijera ella era: «Genial ese café, puedo miércoles, de jueves a domingo estoy fuera». De nuevo una frase en la que hay sujeto (yo), verbo (puedo), complemento directo (tomar ese café) y adverbio de tiempo (el miércoles).

Conclusión: El hombre es más directo, la mujer normalmente da un rodeo.

2. **LOS HOMBRES SON ESPECIALISTAS EN SOLUCIONES.** Si le cuentas un problema a un hombre para que te comprenda y te dé ánimos, seguramente te decepcionará, porque lo que obtendrás de él son soluciones, no empatía. Tu malestar emocional le incomoda porque se siente responsable, y disfruta buscándote una solución.

Esto te hará sentir incomprendida, porque tú sabes muy bien cómo encontrar una solución, lo que necesitas es consuelo y cariño, es decir, conexión y relevancia en la terminología de Anthony Robbins, y tu forma de pedirla es exponiendo tu preocupación.

Él no entenderá que te molestes, al fin y al cabo te está dando lo mejor de sí mismo. Le desconcertará que no sólo no se lo agradezcas sino que además te enfades.

Conclusión: Si buscas que alguien escuche tus problemas, búscate una buena amiga: su cerebro funciona como el tuyo.

3. **LAS MUJERES SON ESPECIALISTAS EN EMPATÍA.** Por naturaleza, las mujeres se han caracterizado por su capacidad para empatizar con el estado de ánimo de los demás. Sintonizan con otros con total facilidad y saben leer sus emociones. Están atentas a las necesidades de los demás sin que nadie tenga que pedir nada, sólo con observar sus gestos.

Un error habitual es pensar que el hombre es como nosotras y molestarnos porque no se ha dado cuenta de que tenemos mala cara, de que hemos trabajado mucho y estamos cansadas, o de que llevamos todo el día recogiendo la casa y nos molesta haberlo hecho nosotras solas.

Recuerdo haber visto en alguna película una escena muy divertida en la que una mujer limpia la casa rompiendo cosas aposta para que el hombre repare en su estado de ánimo. La pantalla mostraba al hombre completamente en Babia, sin saber qué demonios podría estar pasándole a ella, sin imaginarse ni por asomo que se trataba de un enfado con él.

El hombre necesita que se le diga: «Ven aquí un momento. Mira, cuando dejas tirados tus calcetines y la toalla del baño por el suelo (hechos objetivos), me entra enfado (lo que siento), porque me encanta el orden (lo que necesito) y quiero que cada uno ponga de su parte para mantenerlo (petición). Como te lo he dicho ya otras veces y no recoges (hechos), además de enfadada me siento ignorada y no tenida en cuenta (lo que siento)».

Después de formular una petición asertiva, debemos quedarnos en silencio.

Conclusión: Tu pareja no tiene por qué saber lo que te pasa si no se lo dices de manera directa.

4. **CUESTIÓN DE ENFOQUE.** Mientras la mujer puede hacer varias cosas a la vez, el hombre hace una cosa detrás de otra, es decir, está más enfocado en cada tarea cada vez. De hecho, le cuesta abandonar una tarea que aún no ha terminado porque necesita resultados inmediatos, ya que le encantan los logros.

Del mismo modo, cuando hablamos, las mujeres vamos saltando de un asunto a otro, variando el tema, cambiando de foco. El cerebro masculino se pierde con esto, porque los hombres piensan una cosa y luego otra, no todo a la vez.

Conclusión: Cuando hablamos y pensamos que el hombre no nos está escuchando, es que en realidad le estamos haciendo un lío.

5. **¿POR QUÉ? ¡PUES PORQUE SÍ!** Las mujeres no necesitamos tener una razón lógica y objetiva para hacer las cosas. Sentimos, y son la intuición y nuestras emociones las que nos guían a la hora de

hacer las cosas. El hombre necesita escuchar a su mente lógica y analizar con objetividad la situación antes de actuar. Su mente es pragmática y concreta. Para los hombres el pensamiento femenino puede resultar poco riguroso, por eso dan más importancia a la razón sobre la emoción.

Por ejemplo, un hombre no accederá a cambiar los muebles del salón de sitio sólo porque «quedan mejor», sino «porque así no se ve el reflejo de la ventana en la televisión» o «porque así al sentarse en el sofá las piernas no le chocan con la mesa de centro».

Conclusión: Si quieres conseguir algo de un hombre, dale argumentos lógicos y concretos.

6. **PLANIFICAR O IMPROVISAR.** Las mujeres disfrutamos haciendo planes a largo plazo, pero, por lo general, los hombres avanzan paso a paso y son excelentes en el aquí y el ahora. Los hombres son mejores para vivir en el presente y tienen mayor temple para no «pre-ocuparse», es decir, para no ocuparse con anterioridad de aquello que aún no ha sucedido.

Conclusión: ¡Mejor libera tensiones y vive el día a día!

7. **HECHOS O PALABRAS.** A las mujeres nos encanta que nos digan que nos aprecian, pero el hombre masculino normalmente demuestra su amor a través de hechos, resultándole las palabras demasiado emocionales. Puedes comprobar que el hombre te quiere porque hace cosas por ti, aunque no te diga cosas bonitas.

Muchas veces los hombres permanecen callados sin decir nada, y nosotras nos ponemos nerviosas pensando lo peor. Podrían decirnos que están preocupados y necesitan estar un rato a solas, pero se quedan mudos. La realidad es que están agobiados y aún no saben qué decir, por eso meditan en la respuesta. Dirán las frases típicas como «No pasa nada», «Nada importante» o «Estoy bien». Y no manifestarán sus sentimientos. Hay que dejarlos en paz y no acosarlos en busca de respuestas que no tienen. No es el momento.

Conclusión: Los hombres te demuestran su aprecio a través de lo que hacen por ti.

8. **NO ME CONTROLES**. Un hombre sólo habla de sus problemas cuando quiere que le ayudes porque no le gusta cargar con sus preocupaciones a los demás. Además, no quiere que le hagas sugerencias para mejorar, aunque a ti te parezca que le estás ayudando. Dárselas supone para él una ofensa porque le da la sensación de que no confías en su propia capacidad para resolver sus problemas. Además, tus directrices son percibidas como un intento de controlarle. A ellos les gusta alcanzar sus objetivos por sí mismos y sentirse útiles.

Aunque a la mujer le alivia hablar de sus problemas, al hombre lo que le alivia es retirarse a su cueva y quedarse ahí hasta que encuentre la solución. Si no la encuentra, hará algo para olvidar el problema, como leer el periódico, alguna actividad tipo «zombi», como pasar horas pescando o hacer *zapping* con el mando a distancia sin prestar atención real a ningún canal, o alguna actividad que represente un desafío. A la vez se olvidará de que los demás también tienen preocupaciones. Nuestra mente, en cambio, nunca se detiene, por eso pensamos que nos mienten cuando les preguntamos en qué piensan y responden «En nada».

Al día siguiente podrá afrontar mejor sus problemas. La mujer le ve preocupado y piensa que él no la quiere. Hemos de deshacernos de estos pensamientos y cooperar con el hombre para su bienestar, aceptando que en este momento no necesita compañía, sino soledad para gestionar su estrés. De este modo podrá resolver sus problemas antes y regresar también antes de su cueva, ya que le resulta mucho más fácil salir de su cueva cuando sabe que la mujer está contenta y libre de preocupaciones.

Según el psicólogo John Gray, autor de *Los hombres son de Marte, las mujeres son de Venus,* las maneras en que una mujer puede apoyar a un hombre que está en la cueva son las seis siguientes:

- No desapruebes su necesidad de retirarse a ella.
- No intentes ayudarle a solucionar su problema ofreciendo soluciones.
- No intentes cuidarlo haciéndole preguntas acerca de cómo se siente.
- No te sientes al lado de la puerta de la cueva a esperar a que salga.
- No te preocupes por él ni te apiades de él.
- Haz algo que te haga feliz.

Una de las razones por las que el hombre necesita retirarse a su cueva es la cercanía con la mujer. A pesar de que él ama también la intimidad, se pierde en ella y siente la necesidad urgente de retirarse para recuperar su independencia, establecer sus propias fronteras personales y satisfacer su necesidad de sentirse autónomo. No significa que ya no te quiera. No tiene que ver contigo, sino consigo mismo.

Cuando un hombre intima demasiado y no se aleja, quizá porque se siente culpable si lo hace, se pone de mal humor, se vuelve pasivo y muestra una actitud defensiva. Una mujer no debe ni perseguirlo ni castigarlo cuando se aleje.

Conclusión: Es en los momentos de más intimidad cuando el hombre se aleja, pero lo hace por su propia necesidad de autonomía. Si quieres hablar con él, espera a que regrese, éste no es el momento.

9. **EL HOMBRE NECESITA SENTIRSE NECESITADO Y LA MUJER NECESITA SENTIRSE AMADA.** Para el hombre es muy importante sentir que se confía en él, se le acepta y se le valora, mientras que la mujer necesita sentirse amada y atendida. Hemos de frenar nuestra inclinación a dar compulsivamente, porque el hombre no necesita que le demos tanto, sino que nos dejemos cuidar por él, es decir, que le demos lo que él quiere: sentirse validado. Recuerda que eres digna de ser amada, no tienes que ganarte el amor del hombre. Puedes relajarte, dar menos y recibir más porque no se trata de dar más, sino de dar lo que el otro necesita. Te lo

mereces. Si das demasiado acabarás culpando al hombre por no corresponderte.

Se trata de valorar lo que el hombre te ofrece y a la vez pedirle lo que deseas con calma y apertura, aceptando con serenidad que el hombre diga que no. Es la mejor manera de conseguir que la próxima vez diga que sí. ¿Cómo valorar lo que el hombre te ofrece? Por ejemplo su compañía. Dile lo agradable que es volver a casa y encontrarte con él. Así de simple.

A nosotras nos da miedo recibir amor y a los hombres les da miedo darlo. Extralimitarse en el dar a los demás significa la posibilidad de fracasar y recibir una corrección, y equivocarse es para el hombre más duro que para la mujer.

Conclusión: La mujer necesita devoción, mientras que el hombre lo que necesita es admiración.

10. **LA MANERA DE DISCUTIR.** Si una mujer le dice al hombre: «Jo, ¡nunca salimos!», aunque para ella es obvio que significa que le encanta salir con él y que lo echa de menos, para él es una corrección. Él entiende algo tan doloroso como «Te has vuelto un soso y llevamos una vida monótona que no me gusta».

Cuando un hombre se molesta, pelea o huye; nosotras, en cambio, tenemos tendencia a fingir que no hay ningún problema o asumir la culpa y ceder negándonos a nosotras mismas.

Los hombres a veces inician las discusiones sin querer cuando les contamos algo que nos preocupa y nos responden «Venga, no es para tanto» con la intención de animarnos; mientras que las mujeres las iniciamos cuando en lugar de expresar directamente lo que sentimos, hacemos preguntas retóricas del tipo «¿Cómo es que llegas tan tarde?» (en lugar de decir «No me gusta que llegues tan tarde, te agradeceré que la próxima vez me avises»), porque para el hombre es percibido como desaprobatorio. Lo mejor cuando un hombre está de mal humor es tratarlo como si fuera un tornado y resguardarse.

Conclusión: Muchas discusiones se inician porque el hombre siente que la mujer le desaprueba o porque a la mujer no le gusta la manera en que le habla el hombre.

EL ABC DEL AMOR: puntos principales para recordar

- Todos poseemos una parte femenina y otra masculina, así que sería muy simplista pensar que por el hecho de ser mujeres actuamos de forma femenina, sobre todo ahora que estamos viviendo en la era de la masculinización de la mujer.

- El prototipo de persona femenina será aquella que se dirija más hacia su parte psíquica o espiritual interior, que se encargue de mantener la armonía en la familia, que piense de modo altruista en los demás, cuide de los suyos, afectiva, más colectiva que individual, que prefiera conversar que discutir, pueda realizar varias tareas a la vez, le guste sentirse protegida por su compañero de camino y posea instinto maternal.

- El prototipo masculino, en cambio, domina el exterior y el trabajo con un sentimiento sostenido de eficacia y un marcado individualismo, no se carga con reflexiones inútiles, es una persona orientada a objetivos y resultados, le gusta controlar su entorno y siente la necesidad de proteger a su prole, aunque lo hace más desde el punto de vista material que afectivo. Su territorio es su trabajo y su familia.

- A continuación describo diez diferencias básicas que suelen darse en mayor o menor medida entre hombres y mujeres, siempre en líneas generales y considerando una pareja formada por un hombre predominantemente masculino y una mujer predominantemente femenina. Conocerlas puede hacer que la comunicación sea mucho más fluida y evitar malos entendidos.

1. EL LENGUAJE: El hombre es más directo, la mujer normalmente da un rodeo.

2. LOS HOMBRES SON ESPECIALISTAS EN SOLUCIO-NES: Si buscas que alguien escuche tus problemas, búscate una buena amiga: su cerebro funciona como el tuyo.

3. LAS MUJERES SON ESPECIALISTAS EN EMPATÍA: Tu pareja no tiene por qué saber lo que te pasa si no se lo dices de manera directa.

4. CUESTIÓN DE ENFOQUE: Cuando hablamos y pensamos que el hombre no nos está escuchando, es que en realidad le estamos haciendo un lío.

5. ¿POR QUÉ? ¡PUES PORQUE SÍ!: Si quieres conseguir algo de un hombre, dale argumentos lógicos y concretos.

6. PLANIFICAR O IMPROVISAR: ¡Mejor libera tensiones y vive el día a día!

7. HECHOS O PALABRAS: Los hombres te demuestran su aprecio a través de lo que hacen por ti.

8. NO ME CONTROLES: Es en los momentos de más intimidad cuando el hombre se aleja, pero lo hace por su propia necesidad de autonomía. Si quieres hablar con él, espera a que regrese; éste no es el momento.

9. EL HOMBRE NECESITA SENTIRSE NECESITADO Y LA MUJER NECESITA SENTIRSE AMADA: La mujer necesita devoción mientras que el hombre lo que necesita es admiración.

10. LA MANERA DE DISCUTIR: Muchas discusiones se inician porque el hombre siente que la mujer lo desaprueba o porque a la mujer no le gusta la manera en que le habla el hombre.

PASA A LA ACCIÓN: el conocimiento sólo se integra cuando se practica

Para integrar la lectura de este capítulo en tu vida te propongo como habitualmente que vuelvas una mirada a tu propia vida. ¿Tratas al hombre como si fuera una mujer, esperando de él comprensión cuando le hablas dando un rodeo, que te escuche como una amiga, que sepa lo que te pasa, que planifique el futuro al milímetro, que permanezca siempre a tu lado como una amiga íntima…?

Analiza cuál de los patrones que hemos descrito pueden estar causando malos entendidos en tu relación de pareja, si la tienes, o los han causado en anteriores relaciones. Piensa de qué manera puedes cambiar tu modo de comportarte y tratar al hombre sin dejar de ser tú, para que así la comunicación sea mucho más fluida.

Una vez que lo sepas, ¡pasa a la acción!

PARTE 4

Trascendiendo el miedo: volver a ser tú

«Las parejas, más que trabajo, lo que necesitan es juego».

F~ADY~ B~UJANA~

Trascendiendo nuestros miedos: volver a ser tú

Hay muchas teorías para encontrar pareja donde se nos explica que hemos de convertirnos en la persona que queremos atraer a nuestra vida. De lo que se trata es de sintonizar con la energía de la persona de nuestros sueños, no de ser su clon. Y esto es muy importante saberlo, porque cuando nos convertimos en el clon de nuestra pareja, dejamos de ser interesantes para ella, ya que los polos iguales no se atraen.

Aunque la idea idílica del amor incluye disfrutarlo junto a nuestra alma gemela, convivir con una persona que te entiende a la perfección, que acaba todas tus frases y que lo comparte todo contigo sólo funciona durante los primeros meses de enamoramiento.

Una persona que es ella misma siempre te atraerá. Tendrás que aprender a convivir con tolerancia junto a alguien que quiere hacer las cosas de otra manera y que opina diferente; lidiar con la inseguridad y los miedos. Pero ése es un asunto de crecimiento personal al que has de atender tú misma. Y precisamente las relaciones de pareja son el mayor regalo para crecer como ser humano.

Por eso, las teorías que te incitan a convertirte en la persona que quieres atraer no se refieren a hechos concretos. «Practica yoga para atraer a un yogui»; no. Se refieren a tu esencia. Se trata de convertirte en una persona que se ama tanto como para ser ella misma en todo momento, en toda situación. Sin miedo. Se trata de querer ser siempre tú misma para atraer a tu vida a otro tú auténtico que sea siempre ese tú.

Cuando en la pareja, de manera natural, se comparten gustos y aficiones, existe una afinidad que facilita la comunicación y convivencia. Y esto beneficia la creación del vínculo desde una armonía saludable. Lo que resulta artificial es cambiar y amoldarte a tu pareja hasta el extremo de dejar de ser quien eres. Cambiar de gustos como de vestido, buscando la aprobación del otro, aunque sea de manera inconsciente.

La atracción y la pasión prosperan en la variedad y el cambio, y a esto se le llama diferencia de polaridad. Donde hay dos polos que no son idénticos, aparece la incertidumbre y el riesgo de no gustar a tu pareja. Pero es precisamente en el riesgo de la incertidumbre donde se mantiene la atracción de la pareja.

Cuando ya todo es un «nosotros», cuando ambos miembros de la pareja son iguales, los polos opuestos ya no se atraen. Quizá por llevarte bien te has ido amoldando a tu pareja y te encuentras compartiendo tantas cosas que has perdido tu identidad individual.

Es paradójico que cambiemos para generar en el otro una imagen determinada de nosotras y mostremos alguien que no somos. Al invalidar o esconder los aspectos de nuestra personalidad que nos hacen únicas, estamos perdiendo ese atractivo personal. Muchas personas se comportan de manera diferente según con quién están, incluso sin darse cuenta. Pero el amor verdadero sólo puede existir si eres siempre tú misma, con honestidad y naturalidad.

Donde prospera la atracción es en la diferencia de caracteres, es cuando dos polos se atraen, porque son diferentes. Estás ofreciendo a tu pareja la posibilidad de estar contigo dentro de la relación, pero a la vez de estar con múltiples mujeres diferentes a ti, a través de ti misma, porque tú vas creciendo, cambiando, sorprendiéndole siendo de verdad tú, evolucionando a tu propio ritmo y en tu propia dirección de crecimiento.

Dado que al hombre le encanta disfrutar de múltiples conquistas, al poder estar con una «tercera persona» cada vez, siempre se sentirá atraído y renovará periódicamente su interés hacia ti.

Mientras tanto tú juegas a ser tú misma, a ser diferente del «nosotros» en el que te habías convertido: «Nosotros somos vegetarianos, a nosotros nos encanta el cine». Es entonces cuando la pareja nace de verdad, a la vez que comienza el miedo o el riesgo de celos, pues nos asusta mostrar nuestra diferencia. Pero la pasión, la gran atracción y el deseo de estar juntos se vuelven sólidos.

Por eso en realidad la pasión nace fuera del dormitorio. Es al mostrar un comportamiento honesto contigo misma siendo quien eres, con suavidad, cuando atraes a tu pareja; y esto se manifiesta en cada acto cotidiano, en cada elección, en cada palabra, en la expresión permanente de la genuina creatividad femenina de tu propia esencia, única y diferente de la de tu pareja.

Cuando la pasión no funciona en la pareja, hay que preguntarse si has dejado de ser tú misma. Si has cambiado tanto para amoldarte a la otra persona y no perderla, que ya no sabes quién eres. Si te has diluido en el otro y has perdido tu identidad, porque en este caso necesitas trascender tus miedos y volver a ser tú.

Es el único modo en que puedes mantener la relación a salvo. Permites que entren terceros imaginarios en la pareja, sin que entre nadie —son tus nuevos roles de siempre, tu nueva forma de ser, que era la de antes de diluirte en el otro— permites que aflore tu yo auténtico.

Si consigues ser siempre tú misma o volver a serlo si dejaste de hacerlo, la pasión vuelve y no será la pasión de un reencuentro, será una pasión sólida, porque tu pareja se enamoró de ti, no de la persona ficticia en quien te has convertido.

No es una tarea sencilla y tampoco hay que esperar a haberte perdido para encontrarte, pues de este modo la recuperación es más dificultosa.

Las parejas iniciamos cada relación a base de validaciones. Todo va perfecto y es el paraíso. Nos encanta a los dos comer vegetariano e ir al cine a ver las mismas películas, preferimos viajar en las mismas fechas del año y leer el mismo tipo de libros. Hasta que… un día desvelas algo de ti que el otro no valida: «¿Ah sí, tú haces esto o piensas esto? ¡Yo no sabía que eras así!». Caes del pedestal y comienzan a ocurrir los desencuentros.

Cuando llegas aquí no significa que nadie te haya mentido o engañado sobre su personalidad. Sin embargo, la pasión ha desaparecido y aparece una sensación de desconfianza, porque cuando una persona deja de ser como creemos, consideramos que nos ha traicionado.

Según el *coach* para el éxito en la vida, Anthony Robbins, la relación con una persona que te gusta y que a la vez conecta bien contigo, te estimula, entretiene y hace sentir importante, y como puedes sentir su afecto de vuelta, satisface las que él clasifica como principales necesidades humanas: la relevancia, la conexión, la variedad y la seguridad. Se establece un lazo hermoso con esa persona porque sientes que esa persona cubre tus necesidades primarias.

La relevancia hace referencia a ese sentirte importante para la otra persona, cuando te dan tu lugar.

La conexión se refiere a ese lazo hermoso que se establece con las personas a las que nos vinculamos.

La variedad es el entretenimiento y la diversión junto a quien te cae bien.

Y la seguridad es la sensación de no estar sola, de saberte querida, acompañada y apoyada por tu pareja.

Todo esto se da al principio de la relación, cuando parece que dos se han vuelto sólo uno, por la validación asociada al enamoramiento.

Cuando con suavidad y porque sabes quién eres comienzas a no compartir todo con tu pareja, afianzas el vínculo con él porque te polarizas; todo lo contrario de lo que piensan muchas mujeres, que sienten pánico ante la idea de empezar a divergir en cuanto a algunas aficiones, gustos y preferencias del día a día. Pero esto es precisamente lo que dota a la relación de aire fresco y hace que ambas personas se atraigan más.

Cuando pasa el tiempo y de pronto se muestra la posible amenaza de que el amado se marche de tu lado –es decir, que pierdes la seguridad que te daba–, si además ahora ya no te cuenta nada de sí mismo aunque sea debido a su retiro periódico a la cueva como ya hemos hablado en el capítulo anterior, sientes que te retira su conexión y que has perdido la relevancia que te daba; y además la vida a su lado se vuelve monótona y desaparece la variedad en tu relación…, tu pareja deja de cubrir tus necesidades.

Y es aquí donde tú tienes que saber cubrirte tus propias necesidades sin depender de que tu pareja lo tenga que hacer. Porque si dependes de él, le cargarás con una pesada responsabilidad que acabará por asfixiarle; y si eres tú quien asume el encargo de contentar al otro, te sentirás culpable cuando no lo hagas y percibirás la relación como una carga.

Es posible que sientas que tu pareja antes te estaba mintiendo y que ahora es cuando has visto su verdadera cara. «Desconfío de ti porque tú, que eras la promesa de mi vida, has dejado de cubrir mis necesidades. Y si no las cubres más, yo no puedo seguir confiando en ti».

Como tu pareja ha cambiado, tienes la idea de que ya no puedes confiar en él. Tampoco te da el lugar que te daba antes, así que sientes que ya no eres relevante para su vida. Como no te hace caso, sientes que has perdido la conexión. Y como ya no te hace reír ni comparte tantas cosas junto a ti, tampoco aporta estímulo ni variedad a tu vida. Y lo mismo si es al revés.

Puedes pretender que no pasa nada, crear una coraza y buscar sólo las zonas seguras de la relación. El amor prospera en la seguridad, pero la pasión prospera en la variedad, en la inseguridad, en la incertidumbre. En este momento muchas parejas se separan y buscan otra persona. Vuelven a vivir una y otra vez lo mismo. Llegan a este primer obstáculo y no quieren ir más allá.

Hay parejas que se atreven a mantenerse firmes en el temporal y atravesar el desierto hasta llegar al oasis. Es entonces cuando vuelve a resurgir la atracción y la relación crece enormemente porque crecen sus miembros. Crecer es incorporar el lado oscuro y sacar a la luz el lado escondido, las sombras negra y blanca. Cuando ambos miembros de la pareja lo hacen, se vuelven mutuamente más interesantes uno para el otro. Si uno de los dos no lo hace, el que brilla porque está creciendo desde el amor se vuelve más interesante para otros. Siempre te vuelves más interesante, y aquí está el riesgo fuera de la pareja. La polaridad es saber gestionar esta situación.

No queremos una pareja que se lleva bien pero se muere de aburrimiento. Esto es una pareja muerta donde no se está creciendo, sólo se está evitando el conflicto, y así no es como crecen ni las parejas ni las personas. Hay que entrar en el conflicto con una actitud proactiva, y para ello lo primero que hay que hacer es gestionar la ansiedad. Un maestro de artes marciales parece impasible ante la tormenta del conflicto; es la manera de entrar en él en lugar de hacerlo reaccionando.

Mientras más capacidad tengas para gestionar la incertidumbre y cubrirte tú tus propias necesidades, menos necesitarás que nadie te las cubra. Por eso te relacionarás con otra persona porque te gusta esa persona, no para que te dé lo que necesitas.

Cuando lo descubrí me di cuenta de que no sabía imaginarme en pareja porque siempre me había relacionado desde la carencia, desde la necesidad de que mi pareja cubriera mis necesidades. Cuando aprendí a manejarme en la incertidumbre de que cada cual es para sí mismo y existe por sus propias razones, no para los demás, entonces me pregunté a mí misma ¿y para qué tener pareja? ¿Para qué sirve tener una pareja?

Allí estaba, ante un nuevo paradigma completamente perdida, porque ya no sentía que tuviera ninguna necesidad que hiciera falta que nadie cubriera.

Dejamos de tener necesidades por dos razones: bien porque nos volvemos apáticos por estar cansados de vivir experiencias de pseudoamor, o bien porque vivimos inmersos en un despertar espiritual inmenso y, llegado a este nivel, no necesitas tener una pareja.

«Es perfectamente posible que una persona iluminada,
si no satisface la necesidad de una polaridad masculina o femenina,
sienta que le falta algo o que está incompleta en el nivel externo de su ser,
y al mismo tiempo puede estar
totalmente completa, satisfecha y en paz por dentro».

ECKHART TOLLE

Según el escritor y *coach* de parejas Fady Bujana, estar en pareja te permite amplificar tus emociones, sentirte más viva, además de cubrir las cuatro necesidades tipificadas por Anthony Robbins. Según el biólogo celular Bruce Lipton, vivir es sentir. Y para esto es para lo que tenemos un cuerpo físico, para experimentar sensaciones, como por ejemplo lo que se siente al ver una puesta de sol o al saborear el chocolate. Mientras más sientes, más emociones vives y más viva estás. Por eso buscas la pasión en la vida.

Pretender que has llegado a un nivel de iluminación tan elevado que ya no necesitas unirte a otra persona puede esconder un sinnúmero de experiencias fallidas y una decisión de no arriesgarte más. Y lo triste de dejar de arriesgar es que entonces ya estás muerta, muerta en vida.

No sentir la inclinación natural a estar en pareja es envejecerse, acostumbrarse a una vida gris. Puedes tener un reflujo de energía y quedarte en barbecho por un tiempo, como se dejan los campos para volver a cultivar, pero hay que evitar buscar la seguridad a través del radicalismo, que puede ser pasar de ser propareja a cerrarte en banda, contándote una mentira frecuente, como es «Yo no quiero o no necesito pareja».

«Crecer espiritualmente para la persona que vas a amar
y que te va a amar
es el mayor regalo que puedes ofrecerle.
Convertir la soledad en ese regalo
significa transmutar tu crisis personal en una gran oportunidad».

RAIMON SAMSÓ

La mayoría de las personas que han tenido muchas relaciones cortas encuentran mucho más difícil establecer una relación larga. Es como un velcro que ya no pega tan bien como antes. El pegamento de la relación se va secando mientras más se gasta en relaciones superficiales.

De hecho, cada vez que te emparejas con una persona te quedas con su energía, y esto queda grabado en tu ADN. Te vuelves una mezcla de energías, combinada con la energía de otros, y esto no queda impune como una borrachera, sino que permanece en tu código energético. Como afirma el ingeniero y escritor Gregg Braden, que combina como nadie ciencia y espiritualidad, cuando te mezclas con alguien tienes un nexo con esa persona de por vida y algo de ambos se queda impregnado en los dos para siempre. Mejor no mezclarse a la ligera.

A medida que vamos creciendo y adquirimos más seguridad en nosotras mismas, vamos siendo mucho más selectivas a la hora de elegir pareja: para mezclar mi energía con la tuya tiene que haber un gran convencimiento. Éste es el inicio de una relación real de pareja y eres consciente de ello.

Mientras tanto, entre parejas, puedes enfocarte en crecer espiritualmente para la persona que vas a amar y que te va a amar. Es, en palabras del escritor Raimon Samsó, el mayor regalo que puedes ofrecerle, incluso sin haberle conocido aún.

EL ABC DEL AMOR: puntos principales para recordar

- Cuando nos convertimos en el clon de nuestra pareja, dejamos de serle interesante, los polos iguales no se atraen.
- La atracción y la pasión prosperan en la variedad y el cambio, y a esto se le llama diferencia de polaridad.
- Ser tú es introducir una «tercera persona» imaginaria en la relación. Dado que al hombre le encanta disfrutar de múltiples conquistas, al poder estar con una «tercera persona» cada vez, siempre se sentirá atraído por ti.
- La pasión nace fuera del dormitorio. Es al mostrar un comportamiento honesto contigo misma siendo quien eres, única y diferente de tu pareja, con suavidad, cuando atraes a tu pareja.
- Cuando no existe atracción, hay que preguntarse si has dejado de ser tú misma.
- Si dependes de que tu pareja satisfaga tus necesidades, le cargarás con una pesada responsabilidad que acabará por asfixiarle; y si eres tú quien asume el encargo de contentar al otro, te sentirás culpable cuando no lo hagas y percibirás la relación como una carga.
- Según el *coach* para el éxito en la vida Anthony Robbins, la relación con una persona que te gusta y que a la vez conecta bien contigo te estimula, entretiene y hace sentir importante, y como puedes sentir su afecto de vuelta, satisface las que él clasifica como principales necesidades humanas: la relevancia, la conexión, la variedad y la seguridad.
- Según el escritor y *coach* de parejas Fady Bujana, estar en pareja te permite amplificar tus emociones, sentirte más viva, además de cubrir las cuatro necesidades tipificadas por Anthony Robbins.
- Según el biólogo celular Bruce Lipton, vivir es sentir. Y para esto es para lo que tenemos un cuerpo físico, para experimentar sensaciones, por eso buscamos la pasión en la vida.

- Como afirma el ingeniero y escritor Gregg Braden, cuando te mezclas con alguien tienes un nexo con esa persona de por vida y algo de ambos se queda impregnado en los dos para siempre.
- Para mezclar nuestra energía tiene que haber un gran convencimiento. Éste es el inicio de una relación real de pareja y eres consciente de ello.
- Mientras tanto, entre parejas, puedes enfocarte en crecer espiritualmente para la persona que vas a amar y que te va a amar. Es, en palabras de Raimon Samsó, el mayor regalo que puedes ofrecerle, aun sin haberle conocido aún.

PASA A LA ACCIÓN: el conocimiento sólo se integra cuando se practica

Para integrar la lectura de este capítulo en tu vida te propongo dos ejercicios:

1. Si estás en pareja, analiza si has dejado de ser tú y en qué comportamiento lo detectas. Si es así, pregúntate cómo puedes ser fiel a tu propia esencia y sigue los dictados de tu corazón. Recuerda siempre apuntar en tu cuaderno personal de desarrollo las conclusiones a las que llegues.

2. Si no estás en pareja, simplemente decide lo que quieres y elige de nuevo tu propia aventura:
   - Si deseas hacer una dieta de relaciones y utilizar este tiempo para crecer espiritualmente para la persona que vas a amar y que te va a amar, y así trasmutar tu crisis personal en una gran oportunidad; o
   - si deseas atender a tu inclinación natural a estar en pareja desde la no necesidad del otro, abriéndote a recibir al compañero selecto que la vida te tiene concedido.

Sólo con tomar la decisión con claridad, el Universo se encarga. Confía, todo lo que ha de llegar lo hará de la manera adecuada y en el momento preciso.

Dejar que la vida transcurra

«No se trata de tirar la toalla,
sino de recoger la toalla
y empezar a vivir la experiencia
tal como es».

SERGI TORRES

Cuando nos peleamos con la realidad que está ocurriendo, nos sentimos dominados por las expectativas del ego, que juzga negativamente la situación y se cree más sabio que la propia existencia para saber que quiere otra cosa para nosotros, otra cosa que será mejor.

Muchas veces te ha ocurrido aquello de que «no hay mal que por bien no venga». Hay casos muy sonados, como el de personas que han perdido un tren que ha descarrilado o un avión que se ha estrellado y en el que han muerto todos sus pasajeros. La vida se las ingenió para que hubiera un atasco o el despertador no sonara y no pudieran llegar a tiempo a su destino fatal.

A un nivel más pequeño, tan pequeño que no te das cuenta, esto está sucediendo en tu vida a cada rato. La vida te cuida.

El significado de la palabra «cuidar» no es el mismo para la vida que para tu ego. Para la vida, lo que tienes ahora es lo mejor, porque si no, tendrías otra cosa. Si tuvieras pareja ahora o si tu relación de pareja fuera diferente a como es, no estarías leyendo estas líneas y creciendo como mujer. Cuando te dejas dominar por tu ego, piensas que lo que tienes, quizá una situación económica diferente a la que te gustaría, pocos amigos, una enfermedad o una relación de pareja complicada, no son más que desgracias y que, por tanto, debes luchar para que cambien.

Al intervenir, contra quien estás luchando es contra la existencia misma. Y lo haces porque el ego te engaña haciéndote creer que hay un presente mejor para ti. Cuanto más quieres cambiar la realidad, mayores son tus expectativas y más dolor sientes. Más responsables buscas fuera de ti mismo.

«Hemos creado una sociedad que sólo cree en los "actos",
mientras que la parte espiritual de nuestro ser
permanece muerta de hambre,
porque necesita algo que no se hace, sino que ocurre».

OSHO

Cuando dejas que la vida transcurra te vuelcas en lo que tienes porque es lo único que está ocurriendo. Te entregas a la vida. Y encuentras la felicidad.

Lo que pasó en el pasado pertenece a ese instante; si me lo traigo al presente, lo revivo en lugar de vivir el instante actual. No vives la existencia, sino que la sufres, así que buscas cómo salir de este sufrimiento y cómo estar feliz.

La felicidad la tenemos muy confundida. Nos creemos que ser felices es ir a cenar a un buen restaurante sin mirar los precios, viajar a un precioso destino, tener un cuerpo de infarto y ser la persona más popular. Pero la realidad es que quienes no miran los precios de la carta del restaurante, quienes viajan a los mejores sitios del mundo, los tipazos y los populares, también sufren, tampoco son felices.

El final de mi viaje lo pasé en la isla de Koh Samui, en Tailandia. Disfruté de unas minivacaciones en un hotel de lujo en la playa con una amiga, antes de irme en soledad a hacer un ayuno y una depuración a otro lugar para integrar todas las experiencias vividas.

El hotel era un paraíso. Teníamos piscina privada en la habitación, una atención permanente personalizada que se manifestaba en pequeños detalles constantes por parte del personal. Mi amiga y yo bromeábamos con la idea de que estábamos siendo espiadas por una cámara de manera permanente, porque aunque había muchos más huéspedes, nos conocían por nuestros nombres y recordaban lo que nos gustaba comer, dónde preferíamos tumbarnos a leer bajo el sol, si habíamos preguntado por clases de yoga y cuál era nuestro masaje preferido en el spa. Todas las noches nos abrían la cama y nos encontrábamos un pequeño regalito: un pastelito hecho con arroz, plátano o coco, según el día, y una notita deseándonos felices sueños.

Una podría pensar que la felicidad se tiene que parecer mucho a esto, pero la realidad es que no tiene nada que ver.

En este paradisíaco entorno, durante las cenas, no era infrecuente observar parejas que pasaban toda la velada enviando mensajes con el móvil a otras personas, sin siquiera mirarse el uno al otro. Y no hablo de una o dos parejas aisladas, sino muchas de ellas. De hecho, las parejas «raras» eran las que no lo hacían.

Las personas ricas, guapas o envidiadas por poseer algo que podemos ver los demás desde fuera no son necesariamente felices. El motivo es que la felicidad se encuentra en la propia existencia, en la presencia del amor a través de la situación vital que está transcurriendo y a la que miras de frente.

Aunque lees esto y lo entiendes intelectualmente y hasta te parece muy bonito, quizá sigues decidida a cambiar tu realidad en busca de las ilusiones que te promete tu ego. El siglo XX y el XXI son los siglos de las metas, de los logros, del hacer, de ir en busca de, de conseguir: la era masculina. ¿Cómo puedes entonces dejar que la vida transcurra?

Dejar que la vida transcurra no significa no actuar. No significa estar inmóvil en casa dejando que la vida se pase. Antes bien, lo que significa es tomar la decisión de abrirte a sentir todo lo que sientes ahora, y esta decisión no implica un estado pasado ni futuro, sino presente.

Yo me he educado en la cultura del sufrimiento. Mi madre, a la que adoro, es sufridora profesional. Ella cada Navidad se priva de tomar dulces para ofrecerle a Dios un sacrificio. Mediante el sacrificio le pide que sus hijos estén a salvo. Si a ella le preocupa que yo tenga una relación de pareja complicada, se sacrifica y deja de comer turrón para que Dios utilice su esfuerzo y su renuncia para mi mayor bien.

Mi madre no sabe hacerlo de otro modo, y su intención es noble y pura, pero no cree que pueda haber una manera más sencilla de evitar el sufrimiento. Ella sufre porque evalúa la situación y se declara en contra. Es objetora de situaciones en las que sus hijos potencialmente pueden sufrir. Y las objeta a través del sufrimiento voluntario. Curioso. La realidad no le parece buena y le pide a Dios que la cambie. A veces, en un acto de fe y confianza en Dios, le requiere que la cambie sólo si él considera que es lo mejor. A cambio, siempre que pide algo ofrece un regalo: su sufrimiento.

Pero Dios no necesita que le avises de que lo estás pasando mal. Él ya lo sabe todo. Y mucho menos necesita que le entregues tu sufrimiento para ayudarte. Él te ayuda siempre, a cambio de nada, aunque no se lo pidas, pero su ayuda no es cambiar tu realidad, sino abrirte los ojos para que cambies tu actitud ante la vivencia que estás experimentando.

El amor es creatividad, el amor es Dios. ¿Cómo puede el amor querer tu sufrimiento? ¿Cómo puede el amor negociar y cambiarte un dolor por una alegría? El amor de Dios te lleva en brazos, te acompaña, te ayuda y te libera del sufrimiento. No lo quiere para ti y mucho menos como regalo. ¿Cuándo hemos tenido esa gran idea de que regalarle a Dios nuestro sufrimiento es lo que Dios quiere para darnos la vida que queremos? Sufrir voluntariamente con resignación no es la solución. La verdadera finalidad del sufrimiento es que, cuando nos llegue porque la vida lo permite, podamos recibirlo con agradecimiento como un regalo para aprender a ser felices sin importar cuáles sean nuestras circunstancias externas. Como nos enseñó Victor Frankl, el psiquiatra judío superviviente del Holocausto, en su libro *El hombre en busca de sentido,* donde expone cómo la espiritualidad puede dotar de un sentido a la vida incluso en las condiciones más deshumanizadas.

La vida es la vida y lo que se espera de nosotros es que sepamos vivirla con plenitud sin querer huir de nuestros propios sentimientos. Cuando decides vivir lo que la existencia te envía es cuando accedes a tu poder interior de estar en paz y sonreír.

Sergi Torres, impulsor de una nueva forma de pensar y protagonista de la película documental *Yo, libre: un viaje al instante presente,* pone un ejemplo muy interesante, «¿Cómo pueden jugar y reírse los niños que juegan en la favelas, sabiendo la miseria y la vida tan dura que los rodea? ¡Porque viven el instante presente!». Para ellos no hay pasado ni futuro, hay una pelota tras la que correr y no se resisten a la realidad que rodea esa pelota, no han decidido cambiarla, dejan que la vida, sencillamente, transcurra.

Y ésta es la mejor expresión de la existencia a través de mí, la expresión del amor incondicional que soy yo misma.

Hace veinte años, cuando estaba en la universidad, un amigo de una amiga me invitó a tomar algo. Yo no me planteaba tener novio y mucho menos que fuera él, pero sin saber bien cómo me encontré tomando un café con él.

Me pareció un chico muy raro y no entendí nada de nuestra conversación. Tenía una página web y una tienda *on-line;* y eso, allá por 1997, por más divertido que suene, era muy extraño. Sin embargo me invitó a cenar y acepté. Nos vimos de nuevo y aquella relación, que duró varios años, influyó muchísimo en mi vida hasta el punto que la considero como uno de los regalos más preciados que he recibido. Yo no tuve que hacer nada, sólo dejar que la vida transcurriera.

Gregg Braden describe las diferentes formas de rezar que tenemos los occidentales. Una habitual es pedir a Dios que nos conceda algo que queremos. En una petición siempre está implícito el convencimiento de que no lo tienes. Él cuenta cómo un amigo suyo nativo americano rezaba para que lloviera en tiempos de sequía. Conectaba en su interior con el efecto de la lluvia a través de abrigarlo con los cinco sentidos, oliéndola, escuchándola, viéndola en su imaginación, sintiendo que se mojaba y saboreando las gotas de agua que empapaban su rostro.

Cuando queremos estar en pareja no hemos de pedir a Dios un novio, sino conectar con el estado del amor. ¿Qué sientes cuando estás enamorada, cuando te sabes querida? Es ese bienestar el que buscas, no un novio, y ese bienestar está dentro de ti, puedes sentirlo en tu interior sin necesidad de tener un chico a tu lado. Es entonces cuando no manifiestas carencia y la vida se las ingenia para darte más de aquello que ya tienes.

A veces, si no te contratan en un trabajo, o el chico que te gusta no se fija en ti, no consigues clientes o el coche se estropea…, piensas que la suerte no está de tu lado. Pero sigue siendo la vida haciendo de las suyas. Recuerdo una película en la que la actriz Jennifer López se caía en la calle y se rompía un tacón, pero se enamoraba de quien la recogía del suelo, que resultaba ser un apuesto médico soltero. ¿Ves? ¡No hay mal que por bien no venga! ¡No ves que lo dice Hollywood!

Es muy difícil estar en paz con algo que no quieres. Llevas toda la vida intentando cambiar la realidad. Quizá en este momento sientes que tienes que tomar la decisión de seguir o no con tu pareja porque no te gusta cómo es la relación ahora. ¿Por qué? ¿Por qué de nuevo quieres cambiar el ahora?

Cuando haces una reforma en casa y las cosas no salen como tú quieres, automáticamente piensas en sustituir a los obreros; si el niño no está contento en el colegio, le cambias a otro; si no te gusta tu trabajo, buscas otro; si no te llevas bien con tu novio, cambias al siguiente… para descubrir que, cambio tras cambio, tu vida sigue siendo la misma, porque la única que no ha cambiado has sido tú. Hacer cambios en tu vida es correcto, pero ¿son una huida o la consecuencia de una transformación interior?

Cualquier situación vivida desde fuera de la paz es la consecuencia de la decisión que has tomado de interpretar la situación como fuera de la paz. Y esta decisión nace de un ego, no de una existencia centrada. Si estás fuera de la paz, tendrás sentimientos de no paz. Verás un reflejo de ti misma fuera de ti. Si estás en paz, en tu centro, verás paz y vivirás en paz.

A esto le llamo aprender a sonreír en medio de las lágrimas. No significa que acalle mi dolor. No significa que finja estar bien cuando estoy mal. No me preocupa eso. Lo que significa es que elijo vivir lo que siento en este instante presente.

Si en este momento, en mi relación contigo, ocurre algo que no comprendo, te lo pregunto de manera espontánea y suave, sin proyectar ira ni desconfianza, sólo para entender y para expresarte con serenidad cómo me siento. ¡Como hacen los niños! No establezco un diálogo interior para deliberar tu culpabilidad o inocencia, no me lo tomo como algo personal, pero no porque niegue lo que siento o porque quiera ser una buena persona, no lo hago porque al vivir el presente con total apertura, los pensamientos de juicio sobre la realidad no tienen cabida.

Antes siempre estaba corrigiendo mi mente. Me parecía que juzgar, desconfiar, menospreciar o criticar internamente a los demás no era un comportamiento noble. Sin embargo, me ocurría de manera automática. Cuando elegí sentir lo que estaba sintiendo en ese mismo instante y observarlo, cuando automaticé esa decisión por estar comprometida 100 por 100 con el aprendizaje, mi día a día se transformó en un estado de consciencia permanente aplicado al momento actual. Estuve así durante una semana entera, completamente iluminada. Pasé todo el tiempo en el presente, de manera natural, sin corregir mi mente. No sentía miedo, me encontraba en un estado de iluminación permanente, de paz, de alegría y de risa. Fue un verdadero regalo.

Por primera vez pude comunicarme con mi pareja sin juicios, sin condescendencia, sin apegos, sin expectativas, sin manipulación. Me di cuenta de que quizá hasta entonces no lo había amado, aunque mi ego se creía que lo amaba mucho, ya que me había sacrificado mucho por él. En lo que yo creía que era el amor, el sacrificio y la renuncia ocupaban un lugar central. Sin embargo, me di cuenta de que amar era estar presente, liberando mi mente de la tiranía del ego que hace que te sientas separado del otro y, por supuesto, mejor. Me sentía una con él, no una desde el punto de vista romántico, sino desde el punto de vista de pertenencia, de hermandad, desde saberle mi semejante y comprenderle al más puro nivel del alma.

Desde entonces este estado sucede cada día. No todo el tiempo, pero sí cada día.

No siempre estoy iluminada. Sin embargo, cuando soy consciente de una emoción dolorosa, puedo detectar que me llega del pasado o del futuro. Sé que en mi presente no hay dolor, porque lo he experimentado. Conozco mis sombras oscuras y sé qué situaciones de la vida las reactivan. Lo observo y lo abrazo. He vivido en paz absoluta en medio de una situación de pareja que yo antes habría considerado una tragedia. Un estado de paz que no provenía de la mente, de creer intelectualmente que todo pasa por algo, de resignarme, de aceptar con estoicismo la realidad aun en contra de mis expectativas. No, ésa era mi paz anterior, lo que yo llamaba paz. Ahora siento la paz de saber que todo lo que pasa es la expresión del amor en mi vida. Una paz que se deriva de abrazar la realidad con ese mismo amor, plenitud y confianza. Es la ausencia de miedo.

Ahora me guío por las intuiciones. Es muy habitual recibir una llamada de alguien en quien estaba pensando. A veces tarareo una canción y la persona que está a mi lado me dice que la estaba cantando mentalmente.

También a veces mantengo la intuición en cuarentena y la observo, sin juicios. Espero a que la vida me hable. Tantos años juzgando y desconfiando de las personas pueden hacer que confunda la intuición con el juicio del ego. Por eso me limito a entregarle a la vida la tarea y a observar lo que siento. Me enfoco en distinguir lo real de lo imaginario, para no guiarme por creencias sino por sabiduría, porque las creencias vienen del ego y la sabiduría la trae el corazón.

Cuando no queremos dejar a la vida que ella sola transcurra, nos empeñamos en que ésta es un negocio, y negociamos con ella. Tenemos miedo a tomar decisiones correctas o incorrectas porque sentimos que somos nosotros los que tenemos que elegir.

En palabras de Osho:

> La existencia te da el nacimiento, te da la vida, te da el amor; te da todo aquello que es invaluable, todo aquello que no puedes comprar con dinero. Sólo aquellos que están dispuestos a atribuir todo el mérito de sus vidas a la existencia descubren la belleza y la bendición del no hacer. No es cuestión de hacer. Es cuestión de que el ego esté ausente, de dejar que las cosas ocurran [...]. Deja que de veinticuatro horas, haya algunos momentos en los que no estés haciendo nada, únicamente estés permitiendo que la existencia haga algo en ti. Verás cómo empiezan a abrirse ventanas en ti, ventanas que te conectarán con lo universal, con lo inmortal.

Existo gracias a la vida, pero creo que soy yo quien la tiene que administrar a través de las decisiones que tomo. El problema es que ya he tomado una decisión sin darme cuenta, y es la decisión de existir fuera de mi consciencia de plenitud. Decida lo que decida, si lo hago desde un estado de amor, tendrá lugar el amor. Si lo decido desde el miedo, la duda y el vacío, estaré esperando que mi decisión me traiga una paz que yo misma no tengo. He decidido recibir más miedo, pero no me hago responsable de él. Cuando estás en paz no necesitas decidir nada, porque aceptas la vida tal y como es. La única decisión posible es estar o no en paz, vivir desde el ser o desde el ego.

«Puede parecer arriesgado confiar,
pero cuando aprendes a hacerlo sin reservas,
creas un estado de potencialidad pura».

RAIMON SAMSÓ

«¿Qué hacemos?», era mi frase preferida. «¿Cómo arreglamos esto que nos pasa?». No se trata de hacer nada, se trata de observar al otro desde la apertura total de nuestro corazón y la aceptación de su propio ser, que es también el nuestro, ¡es un hermano!, porque es otra pieza más, única e imprescindible, del puzle que todos formamos y que se llama Amor. Y después observar cómo te sientes al observarle, sabiendo que estás recibiendo el mayor regalo, que es poderte ver a través del espejo de ti que te devuelve cada persona con la que te relacionas.

«Ama y haz lo que quieras», decía san Agustín. No importa lo que hagas, de hecho no tienes que hacer nada, de nada vale lo que hagas. Lo que haces viene desde fuera y eso no cambia las cosas. Lo que eres, una persona amorosa, que vive el amor desde la aceptación, la tolerancia, el respeto, la flexibilidad, la comprensión y la paz, eso que tú eres, es lo que cambia las cosas, porque el amor se expresa a través de tu actitud, y es desde dentro de ti desde el único lugar desde donde puedes sanar tus relaciones.

EL ABC DEL AMOR: puntos principales para recordar
- Cuando nos peleamos con la realidad que está ocurriendo, nos sentimos dominadas por las expectativas del ego, que juzga negativamente la situación y se cree más sabio que la propia existencia.
- Al intervenir, contra quien estás luchando es contra la existencia misma.
- Las personas ricas o guapas no son necesariamente felices. La felicidad se encuentra en la propia existencia, en la presencia del amor a través de la situación vital que está transcurriendo y a la que miras de frente.

- Dejar que la vida transcurra no significa no actuar, sino tomar la decisión de abrirte a sentir todo lo que sientes ahora, y esta decisión no implica un estado pasado ni futuro, sino presente.

- Dios no necesita que le avises de que lo estás pasando mal ni que le entregues tu sufrimiento para ayudarte. Él te ayuda siempre, pero su ayuda no es cambiar tu realidad, sino ayudarte a cambiar tu actitud ante la vida.

- Gregg Braden cuenta cómo un amigo suyo nativo americano rezaba para que lloviera en tiempos de sequía conectando en su interior con el efecto de la lluvia a través de abrigarlo con los cinco sentidos: oliéndola, escuchándola, viéndola en su imaginación, sintiendo que se mojaba y saboreando las gotas de agua que empapaban su rostro.

- Cuando queremos estar en pareja no hemos de pedir a Dios un novio, sino conectar con el estado del amor. ¿Qué sientes cuando estás enamorada, cuando te sabes querida? Es entonces cuando no manifiestas carencia y la vida se las ingenia para darte más de aquello que ya tienes.

- «Ama y haz lo que quieras», decía san Agustín, es desde dentro de ti desde el único lugar desde donde puedes sanar tus relaciones.

PASA A LA ACCIÓN: el conocimiento sólo se integra cuando se practica
Para integrar la lectura de este capítulo en tu vida te propongo que hoy no hagas nada y dejes que la vida transcurra.

El amor no es un sentimiento, es un estado

> *«La iluminación no trae el amor;*
> *es el amor el que trae la iluminación».*
>
> Buda

El amor es un estado de aprobación positiva de ti misma ahora. La clave para amar y ser amada es comprender con el corazón que estás hecha de amor. Siendo amor, el amor se expresa a través de ti en todo lo que haces y lo que dices si pones intención en que así sea.

El mayor catalizador del cambio en las relaciones es la aceptación total de la persona tal y como es, dejando completamente de juzgarla y de intentar cambiarla. Para amarte también debes aceptarte a ti misma tal y como eres, ahora, sin intentar cambiarte. Esto es lo que soy, me acepto y abrazo mi ser completamente.

Si eres capaz de amarte tal y como eres, no tienes que cambiar nada para que los demás te amen.

Y al identificarte con el amor que eres te das cuenta de que ya sabes amarte, porque para ti amar es como respirar, y cuanto más te amas, más viva te sientes y más amas. Hemos venido al mundo para ser quienes somos, y nuestra esencia, aquello de lo que estamos hechas, es de amor.

Si quieres manifestar más amor en tu vida, ya sea en tu relación de pareja o en las relaciones con los demás, relaciónate contigo misma y con los demás desde la comprensión y la aceptación. No luches, no te defiendas, no ataques.

«Desidentificarse del cuerpo-dolor
es llevar la presencia al dolor
y así transmutarlo.
Desidentificarse del pensamiento
es poder ser el observador silencioso
de tus pensamientos y de tu conducta,
especialmente de los patrones repetitivos de tu mente
y de los roles que representa tu ego».

Eckhart Tolle

Respira hondo antes de mantener una conversación compleja, cuando no te den la razón o cuando tengas que expresar algo que para ti es doloroso. Mantente en un estado de amor. Pon intención en que a tu alrededor se respire ese amor. Cuida los detalles. Piensa en cómo se siente el otro y tiéndele una mano. Siente que eres pureza y que sólo puedes honrar ese amor que te ha creado cuando ves el amor en los demás, cuando reverencias su ser, porque es divino.

Citando al escritor espiritual más popular de Estados Unidos, Eckhart Tolle, autor de *El poder del ahora:*

> Si en tus relaciones experimentas tanto un sentimiento de «amor» como su opuesto, agresividad, violencia emocional, etc., entonces es muy probable que estés confundiendo el apego adictivo del ego con el amor. No puedes amar a tu compañero o compañera un momento y atacarle al siguiente. El verdadero amor no tiene opuesto.
>
> Si tu «amor» tiene un opuesto, entonces no es amor, sino la intensa necesidad del ego de una identidad más completa y profunda, necesidad que la otra persona cubre temporalmente. Éste es el sustituto de la salvación que propone el ego, y durante un breve episodio parece una verdadera salvación [...].
>
> Las relaciones mismas no son la causa del dolor y de la infelicidad, sino que sacan a la superficie el dolor y la infelicidad que ya están en ti [...].
>
> Ésta es la razón por la que la mayoría de la gente siempre está intentando escapar del momento presente y buscar la salvación en el futuro. Si concentrasen su atención en el ahora, lo primero que encontrarían sería su propio dolor, y eso es lo que más temen. ¡Si supieran lo fácil que es acceder ahora al poder de la presencia que disuelve el pasado y su dolor, a la realidad que disuelve la ilusión! ¡Si supieran lo cerca que están de su propia realidad, lo cerca que están de Dios!

Cuando te relacionas con los demás desde el amor, no juzgas, no condenas, sólo escuchas, aceptas, comprendes y respetas. Olvidas la agresividad y brota de ti la paciencia infinita. Cuando le hablas al amor de quien tienes delante, su propio amor te habla a ti. Puedes expresar lo que sientes y puedes ser comprendido porque tú generas un vínculo de comprensión. Tu hermano eres tú, por eso recibes todo ese mismo amor que le das.

El amor es uno, no hay un amor diferente para ti, para la pareja y para el resto de hermanos que comparten la creación. El amor es el mismo para todos. Y el hambre del amor de pareja se origina en el hambre del propio amor.

Nos olvidamos de que somos amor. Y la vida sólo funciona si amas poniendo consciencia en este momento presente. El ego cree que la vida consiste en conseguir alcanzar determinadas metas para protegerte y para destacar de entre los demás. Pero la vida consiste en amar con serenidad lo que es, no en competir ni en protegerse. El amor es lo único que puede darte paz.

> El estado del amor genuino sólo puede brotar desde un corazón que se ama. No podemos permanecer en un estado de amor cuando nos faltamos al respeto o no nos escuchamos, ni pretender amar a nadie si no somos capaces de vernos con ternura en nuestros corazones.

El amor es el estado de consciencia que experimentas al vaciar tu mente de las diferentes manifestaciones del miedo, que son los juicios, las autocríticas, el escaso amor por ti misma, el rencor, la actitud cínica, la competitividad y la desconfianza. Cuando depositas toda tu fe en el amor de Dios en ti y hacia ti, puedes confiar en que Él se ocupa de todo lo que necesitas. No te hace falta sentir miedo porque su amor está presente en ti y su presencia te lleva de la mano.

Antes pedía a Dios lo que quería: un novio, cerrar un acuerdo profesional, encontrar aparcamiento… Ahora me he puesto a su disposición para ser utilizada como un instrumento de su paz y cumplir con la misión que se me ha encomendado, que no es otra más que poner consciencia e intención en hacer con amor cualquier tarea a la que me dedique. Paradójicamente, nunca he sido tan amada como ahora. Pero entender esto con el corazón, y saber que dar es recibir, me llevó años.

«El amor es un estado de Ser.
Tu amor no está fuera;
está en lo profundo de ti.
Nunca puedes perderlo,
no puede dejarte.
No depende de otro cuerpo,
de otra forma externa».

ECKHART TOLLE

Este estado de amor sólo puede alcanzarse sintonizando con tu ser verdadero, hablando directamente a tu corazón. La mente interviene y piensa, «Me voy a amar. Espera, esto cómo se hace. ¡Ah, sí!, tengo que hacer ejercicio, comer menos y dormir más». Entonces te programas una serie de exigencias para cambiar y ser otra persona diferente, esa persona que se ocupa de sí misma, y que entonces es digna de ser amada. Crees que estás amándote, pero lo que haces es odiarte y pedirte que cambies para poder ser amada.

«Si no puedes sentirte a gusto cuando estás solo,
buscarás una relación para remediar tu inquietud.
Puedes estar seguro de que la incomodidad reaparecerá
bajo otra forma dentro de la relación,
y probablemente pensarás que tu pareja es responsable de ello».

ECKHART TOLLE

Éste es el error típico del ego, que se cree que el amor viene de fuera. Si me creo una imagen perfecta de mí misma, me querré, seré digna de amor según mi ego. Pero el amor no puede crearse, el amor es y brota de tu interior aquí y ahora, no se fabrica, y mucho menos desde fuera.

> El amor es la dulzura de la aceptación completa de tu ser en este momento. No hay nada que cambiar para ser digna de amor. ¿Cómo puedo no aceptarme si soy amor puro?

«Para vivir en pareja es preciso antes saber vivir en soledad.
Cuando estar solo no se convierte en algo insoportable,
aunque se desee compañía,
aumenta el atractivo personal».

RAIMON SAMSÓ

Todos los problemas del mundo son un síntoma de la falta de amor propio. El amor a los demás tiene su origen en cómo nos amamos a nosotros mismos. Sólo necesitamos sintonizar con el amor para que nos guíe y oriente nuestros corazones. Ser amada resulta de la decisión consciente de dar más amor a tu propia vida y a la de los demás.

Cuando te relacionas con amor, aun en medio de conversaciones difíciles, puedes sentirte en plenitud, llena de paz, seguridad y confianza. Tiene todo el sentido porque estás recibiendo aquello que tú misma das. No es posible recibir lo que no das, pero es justo lo que pretendemos cuando entramos en los juegos del ego, que tiene miedo y se defiende, se protege, utiliza tretas y manipula para conseguir su objetivo.

Cuando le preguntaban a la madre Teresa de Calcuta cómo podía ser cariñosa con gente moribunda de aspecto desagradable y mal olor, ella decía que veía en cada una de esas personas la manifestación del mismo Dios. Ver a Dios en ti y en los demás, ésa es la clave.

«En lugar de reflejaros mutuamente el dolor y la inconsciencia,
en lugar de satisfacer vuestras mutuas necesidades egocéntricas,
os reflejaréis el amor que sentís en vuestro interior,
el amor que acompaña a la toma de conciencia
de vuestra unidad con todo lo que es.
Ése es el amor que no tiene opuesto».

ECKHART TOLLE

EL ABC DEL AMOR: puntos principales para recordar

- El amor es un estado de aprobación positiva de ti misma ahora.
- Si eres capaz de amarte tal y como eres, no tienes que cambiar nada para que los demás te amen.
- Si en tus relaciones experimentas tanto un sentimiento de amor como su opuesto, agresividad, violencia emocional, etc., entonces es muy probable que estés confundiendo el apego adictivo del ego con el amor.
- El estado del amor genuino sólo puede brotar desde un corazón que se ama. No podemos pretender amar a nadie si no somos capaces de vernos con ternura en nuestros corazones.
- Como señala Eckhart Tolle: «El amor es un estado de Ser. Tu amor no está fuera; está en lo profundo de ti. Nunca puedes perderlo, no puede dejarte. No depende de otro cuerpo, de otra forma externa».
- El amor es la dulzura de la aceptación completa de tu ser en este momento. No hay nada que cambiar para ser digna de amor.
- Todos los problemas del mundo son un síntoma de la falta de amor propio. El amor a los demás tiene su origen en cómo nos amamos a nosotros mismos.
- Cuando le preguntaban a la madre Teresa de Calcuta cómo podía ser cariñosa con gente moribunda de aspecto desagradable y mal

olor, ella decía que veía en cada una de esas personas la manifestación del mismo Dios. Ver a Dios en ti y en los demás, ésa es la clave.

PASA A LA ACCIÓN: el conocimiento sólo se integra cuando se practica

Para integrar la lectura de este capítulo en tu vida te propongo que te
mires a los ojos, en el espejo, y te sonrías. Que te digas que estás aquí
para ti, siempre, pase lo que pase. Mírate con ternura y perdónate por
no ser la mujer ideal en todo.

Mi sugerencia es que te lo digas en voz alta.

Si ves que no lo consigues, puedes decirte que «estás en disposición
de» estar aquí para ti siempre, pase lo que pase.

Repite esto mañana y noche, además de cada vez que te sientas
triste, sola, que abusan de ti, manipulada, rechazada, cuando tengas
algún tipo de miedo. Verás como poco a poco desarrollas un amor tan
grande por ti misma que te permite aprobarte en todas las situaciones.

Estamos a salvo

«Toda la felicidad, salud y abundancia que experimentes en tu vida
proceden directamente de tu capacidad de amar y ser amado».

ROBERT HOLDEN

No se puede estar en paz todo el tiempo, porque no existe «todo el
tiempo». La vida se compone de instantes.

Cuando te das cuenta del dolor que sentiste o que piensas que cau-
saste a otros en el pasado, ya tienes la conciencia de estar en el presente. Y en el presente estás a salvo del pasado y de todo ese dolor.

Los humanos queremos conseguir algo continuamente. Pueden ser cosas, como una casa más grande o con más luz, un coche más lujoso, ropa nueva…; pueden ser experiencias, como un viaje, una cena en el restaurante del chef de moda, un paseo por el campo…; o personas, como amigos, una pareja o hijos. Todo esto que queremos para nosotros, cuando es un deseo del ego, se basa en las expectativas que tenemos sobre cómo nos van a hacer sentir todas estas cosas, experiencias o personas.

Si tengo pareja y me llevo bien con ella, me sentiré una triunfadora; si tengo muchos amigos, me sentiré popular y magnética; si tengo hijos, una mujer realizada; si tengo un coche nuevo, sentiré que los demás se fijan en mí; si vivo en una casa de lujo, me sentiré feliz durante algún tiempo; y así con todo.

Busco sentirme de tal o cual manera para estar a salvo. Y durante esos momentos en que lo logro, es así como me siento. Y ésta es nuestra manera de funcionar. Llevamos así toda la vida y lo sabemos hacer muy bien.

Pero estamos en la carrera de la rata. Como ese pobre hámster que da vueltas en la rueda de su jaula, sin llegar a ningún sitio. Agotado, después de correr y correr, lo deja, y se da cuenta de que no ha conseguido moverse. Y aquí es donde te encuentras tú ahora.

El Ser utiliza otro medio para saberse a salvo. Es una solución única, sencilla y duradera. No depende de nada externo, efímero y variable, nada que le haga sentir de una u otra manera.

Si tu decisión es elegir sufrir, sufrirás hasta que te canses. Cada instante de tu vida es una oportunidad de elegir de nuevo y seguir siendo una víctima o no.

Cuando tu único objetivo en la vida es amar, el Universo (Dios) conspira a tu favor para que lo consigas. Así que te envía situaciones y personas para que aprendas a amar. Esto es difícil de entender y de aceptar, porque tus objetivos hasta ahora eran otros. Básicamente conseguir todo eso que tú querías para sentirte bien. Entonces ahora no te sientes bien, no crees estar a salvo, porque Dios no te da lo que tú te empeñas en conseguir, eso que hasta ahora te ha traído la tan anhelada sensación de estar a salvo. ¿Por qué si quiero tener una pareja y ser feliz con ella, Dios no me la manda? ¡Es incomprensible!

En tu interior, aunque no lo tengas claro, le has pedido ayuda a Dios. Quieres llevar una vida inspirada en el amor, estar a salvo y en paz. Sin embargo, cuando Dios te escucha y te envía los medios (situaciones y vivencias) para que puedas poner en práctica tu deseo de amar, piensas justo lo contrario: que te ha abandonado.

Ahora es justo el momento de poner en práctica todo lo que has leído en este libro. Todo lo que piensas que has aprendido al leer.

No tener pareja, tener problemas con tu pareja actual, vivir en un cuchitril, no conseguir tener hijos…, todo eso que tú ves como problemas no son más que instrumentos de salvación que él te envía. ¿Te das cuenta de que si no, no habrías leído todo esto?

Los hechos son neutros. No tener pareja tiene mucho de positivo porque te hace aprender a ser feliz sin necesitar de los demás. Tener problemas con tu actual pareja te ayuda a replantearte qué es el amor y, en última instancia, saber que lo que tú crees que es un problema es el reflejo del verdadero problema, que es otro. Vivir en un cuchitril puede ayudarte a practicar la aceptación y a ahorrar. No conseguir tener hijos también te ayuda a aprender a aceptar, a soltar y a dejar de querer ser la directora general del Universo, confiando con fe en los planes y momentos que la existencia tiene reservados para ti.

De lo que se trata es de que elijas cómo quieres sentirte con independencia de que ocurran estos hechos que, como te digo, no son responsables de que hayas perdido tu paz interior ni de tu infelicidad.

¿Qué querría un buen padre para sus hijas? ¡Lo mejor! Por eso, ¿cómo puedes pensar que Dios querría algo malo para ti? ¿Que te dejaría abandonada? Precisamente está respondiendo a tu petición. ¿Quieres vivir una vida en el amor? ¡Pues ama! ¿Por qué? Porque el Ser que es amor sólo puede vivir amando, es su naturaleza, es lo que proyecta, es una manifestación de quien es.

Amar es confiar en la voluntad de Dios con fe, conociendo que sus planes están diseñados con sumo cuidado para responder tu petición. Lo que Dios te pide es que no te anticipes pensando en un negro futuro, y que no te sientas una víctima recordando un pasado en el que la vida te ha dado cosas diferentes a las que hubieras querido. Que no interpretes, que sólo observes lo que ves. Que observes cómo te sientes con lo que ves. Y que elijas de nuevo confiar, saber que sientes lo que sientes para poderte purificar.

Si te desanimas o te frustras es porque estás volviendo a tus objetivos antiguos, los del ego. Esos objetivos que tan bien se nos da perseguir en la carrera de la rata. Pero ya no buscas eso. Ahora buscas la paz de Dios.

Es difícil mantenerte en el nuevo camino, porque es muy nuevo y tu inconsciente tiene automatizados otros deseos, otras metas. Por eso te sientes desorientada y perdida y no puedes hacer otra cosa que reconocerte sin rumbo, pedirle a la vida que te ayude a tener más fe y recordarte a ti misma que estás en el camino de la salvación. Y cualquier cosa que sirva al objetivo del encuentro con la Verdad te traerá como desenlace la paz.

La fe acepta todos los aspectos de la situación que tienen lugar en el instante presente, y es aquí donde puedes encontrar la paz que te conduce a la iluminación, a la santidad, a la confianza plena y a la verdadera felicidad. No necesitas nada más para estar a salvo.

Si entiendes que estás a salvo, entonces sólo deseas saborear el tiempo y las personas con quienes lo compartes. No necesitas hacer nada porque no necesitas conseguir nada. Ya lo tienes todo y, por tanto, estás a salvo.

Si la vida es un juego, no hay errores, no hay fracasos, no se pierde el tiempo. Sólo hay experiencias.

Puedes vivir jugando porque estás a salvo y no necesitas preocuparte por hacer nada, puedes enfocarte sólo en Ser.

Ríete de este juego, ríete de cuán absurdamente nos hemos comportado hasta ahora, con nuestras máscaras y estrategias de logro y consecución. Ya lo tienes todo, ahora, en el instante presente, de la mano del amor. Suelta y déjate impregnar por la voluntad de Dios, déjale hacer, que él sabe. Agradécele que te conduzca por el camino del amor y que te lleve de su mano. Así sea.

EL ABC DEL AMOR: puntos principales para recordar

- Como menciona el psicólogo positivo Robert Holden, toda la felicidad, salud y abundancia que experimentes en tu vida proceden de tu capacidad de amar y ser amado.
- Los seres humanos queremos conseguir algo continuamente. Este deseo del ego se basa en las expectativas que tenemos sobre cómo nos van a hacer sentir todas estas cosas, experiencias o personas.
- El Ser utiliza otro medio para saberse a salvo. Es una solución única, sencilla y duradera. No depende de nada externo, efímero y variable, nada que le haga sentir de una u otra manera.
- Cuando tu único objetivo en la vida es amar, el Universo (Dios) conspira a tu favor para que lo consigas. Así que te envía situaciones y personas para que aprendas a amar.
- Cuando Dios te escucha y te envía los medios (situaciones y vivencias) para que puedas poner en práctica tu deseo de amar, piensas justo lo contrario: que te ha abandonado.
- Amar es confiar en la voluntad de Dios con fe, conociendo que sus planes están diseñados con sumo cuidado para responder tu petición.
- Si me desanimo o me frustro es porque estoy volviendo a mis objetivos antiguos, los del ego.
- La fe acepta la situación presente, es aquí donde puedes encontrar la paz que te conduce a la iluminación. No necesitas nada más para estar a salvo.
- Suelta y déjate impregnar por la voluntad de Dios, déjale hacer, que él sabe. Agradécele que te conduzca por el camino del amor y que te lleve de su mano. Así sea.

PASA A LA ACCIÓN: el conocimiento sólo se integra cuando se practica

Para integrar la lectura de este capítulo en tu vida te propongo que escribas una lista con todas las situaciones negativas que sientes que hay ahora en tu vida. Quizá no tienes pareja, te has enfadado con alguna amiga o tu trabajo no te gusta.

Ve repasando la lista, situación por situación y escribe a su lado a respuesta a esta pregunta:

¿Qué hay de positivo en esto que estoy viviendo?

No lo dejes hasta que hayas encontrado al menos tres consecuencias positivas de entre lo aparentemente malo.

«Haz bien y traerás el bien a tu vida».

GREGG BRADEN

Epílogo

El águila llega a vivir setenta años, pero para llegar a esa edad, a los cuarenta debe tomar una seria y difícil decisión.

A los cuarenta años, sus uñas están apretadas y flexibles, y no consigue tomar a sus presas de las cuales se alimenta. Su pico largo y puntiagudo se curva, apuntando contra el pecho. Sus alas están envejecidas y pesadas, y sus plumas gruesas. ¡Volar se hace ya tan difícil! Entonces, el águila tiene solamente dos alternativas: morir o enfrentar un doloroso proceso de renovación que durará ciento cincuenta días.

Ese proceso consiste en volar hacia lo alto de una montaña y quedarse ahí, en un nido cercano a un paredón, en donde no tenga la necesidad de volar. Después de encontrar ese lugar, el águila comienza a golpear su pico en la pared hasta conseguir arrancarlo. Luego debe esperar el crecimiento de uno nuevo con el que desprenderá una a una sus uñas.

Cuando las nuevas uñas comiencen a nacer, comenzará a desplumar sus plumas viejas. Después de cinco meses, sale para su vuelo de renovación y a vivir treinta años más.

La escritura de este libro ha supuesto una profunda metamorfosis en mí. Raimon Samsó dice que cuando ayudas a otros a conseguir lo que tú mismo quieres, la vida te ayuda a ti doblemente. Y así lo he sentido. He sentido a Dios transformándome detrás de estas líneas.

He aprendido la esencia del amor que habita en mí; he aprendido a disfrutar de las personas sin un para qué; a vivir completamente en el presente; a ser y no hacer nada, dejando que las cosas ocurran, con confianza; a disfrutar los caminos de la Vida entendiendo que nada puede ser de otra manera a como es en cada instante; he aprendido a soltar y a dejar atrás las preocupaciones y los miedos, porque de verdad he entendido, y no sólo intelectualmente, que no hay nada de qué preocuparse ni nada que temer. He aprendido a confiar, a tener paciencia y a aceptar. En una palabra: gracias a escribir este libro he aprendido a Vivir.

Tú misma puedes generar desde tu interior un estado permanente de meditación y desapego. No necesitas un exterior que te lo produzca. Es tan sencillo que resulta difícil de comprender. Para entenderlo, trata de desaprender lo que ya sabes, como la creencia en el esfuerzo, en la incapacidad para elegir, en que las cosas vienen dadas y que no puedes cambiar tu vida o en que lo que no se puede demostrar científicamente no es real o verdadero.

Gracias a haber estado hambrienta de amor durante años, conseguí entender este paradigma liberador, la llave de la auténtica plenitud, que trasciende toda religión o espiritualidad.

No imagines lo que quieres, siente lo que se siente cuando se vive eso que quieres.

Para mí la mejor sensación es la que siento cuando estoy enamorada, así que conecto con esa plenitud, esa alegría, esa paz, ese saber que no estoy sola, que lo puedo todo, que nada me preocupa, nada me da miedo, nada me molesta, que necesito menos, duermo menos, como menos, espero menos, me canso menos, mientras mi salud es vibrante...

Conecto con este sentimiento cada vez que tengo un rato, en un taxi, en una cola, antes de dormir... Nada me falta porque todo está conmigo, todo está en mí porque yo soy Una con el Todo, Contigo y Conmigo.

Ojalá te inspire, ojalá te libere, porque ser libre no es hacer lo que quieres; ser libre es deshacerte del control, del miedo y de las preocupaciones, ser libre es saber que eres alegría, amor, confianza y risa. El amor, más que un sentimiento, es un estado. La piedra angular del cambio es la comprensión y la aceptación. Mi mantra: que nunca el otro tiene la culpa. Mi deseo: dar las Gracias a la Vida.

Muy agradecida a las personas que han aportado luz a mi vida: Jorge Lomar, Raimon Samsó, Sergio Fernández, Joan Garriga, Eva Pierrakos, Melody Beattle, Diana Richardson, Fady Bujana, Anthonny Robbins, Fanny van Laere, Deepak Chopra, John Bradshaw, Marianne Williamson, Sondra Ray, Gary Chapman, Robert Holden, Óscar Durán, Yogananda, Osho, Krishnamurti, Krishnananda, Amana, Eckhart Tolle, Paul Ferrini, Teresa Blanes, Miguel Ruiz, Sergi Torres, John Gray, Louise Hay, Wayne Dyer, Madre Teresa de Calcuta.

«Padre celestial,
bendíceme para que pueda elegir
al compañero de mi vida
según tu Ley de unión perfecta del alma».

PARAMAHANSA YOGANANDA

Oración final

Si quieres aprender sobre el amor, comprométete con ello al precio que sea y te garantizo que lo lograrás.

Acepta que, como todos nosotros, tienes miedo al abandono, miedo a la intimidad o miedo a la invasión de tu espacio.

Compréndete, acéptate y, desde ahí, comienza por amarte a ti misma, sin condiciones. Borrón y cuenta nueva.

Lo importante no es que hagas todas las cosas bien, lo importante es que estés comprometida con tu crecimiento.

El amor a la pareja es el camino para amar a Dios. Y Dios nunca te abandona. La ilusión del abandono es falsa.

Pide y se te dará.

Querido Dios,
Te amo.
Pongo en tus manos esta situación
en la que me siento perdida.
Te pido que me guíes por ella.
Acepto que tú sabes Todo y confío.
Me abandono en Tu Amor
y sonrío en Tu Compañía.

Bibliografía

BEATTLE, M.: *Libérate de la codependencia*. Celestial Connection Inc, 2009.

BRADSHAW, J.: *Crear amor*. Los libros del comienzo, 2011.

BUJANA, F.: *El Amor Excelente*. EDAF, 2015.

CHAPMAN, G.: *Los 5 lenguajes del amor*. Unilit, 2011.

DURÁN YATES, O.: *Triunfa en el amor*. Mestas, 2013.

FERRINI, P.: *Sanar tu vida*. El Grano de Mostaza, 2012.

GARRIGA, J.: *El buen amor en la pareja*. Imago Mundi, 2013.

GARRIGA, J.: *Vivir en el alma*. Rigden Institut Gestalt, 2015.

GRAY, J.: *Los hombres son de Marte y las mujeres de Venus*. Debolsillo, 2010.

HAY, L.: *Loving yourself to great health*. Hay House, 2014.

HOLDEN, R.: *Aprender a amar y ser amado*. Grijalbo, 2014.

JACKSON, A. J.: *Los diez secretos del amor abundante*. Sirio, 2007.

KINGMA, D. R.: *El amor como camino*. Neo Person, 2000.

KRISHNAMURTI, J.: *La relación y el apego*. Ediciones Librería Argentina, 2006.

KRISHNAMURTI, J.: *Relación y amor. La verdadera revolución*. Kairós, 2010.

KRISHNAMURTI, J.: *Sobre el amor y la soledad*. Kairós, 2012.

KRSHNANANDE: *De la codependencia a la libertad. Cara a cara con el miedo*. Gulaab, 2004.

Madre Teresa de Calcuta: *Camino de Sencillez*. Planeta, 2012.

OSHO: *Aprender a amar*. Debolsillo, 2012.

PÉREZ, R.: *El amor. Relaciones sagradas*. Autor, 2012.

PIERRAKOS, E.: *Del miedo al amor*. Autor, 2013.

RICHARDSON, D.: *Tantra, amor y sexo*. Gulaab, 2002.

RUIZ, M.: *La maestría del amor*. Urano, 2001.

RUIZ, M.: *Los cuatro acuerdos*. Urano, 1998.

SAMSO, R.: *Taller de amor. Escuela de almas*. Obelisco, 2008.

VAN LAERE, F.: *El resurgir de lo femenino*. Gaia, 2010.

WILLI, J.: *Psicología del amor*. Herder, 2004.

WILLIAMSON, M.: *Volver al amor*. Books4pocket, 2008.

YOGANANDA, P.: *Cómo amar y ser amado*. Autor, 2010.

Índice